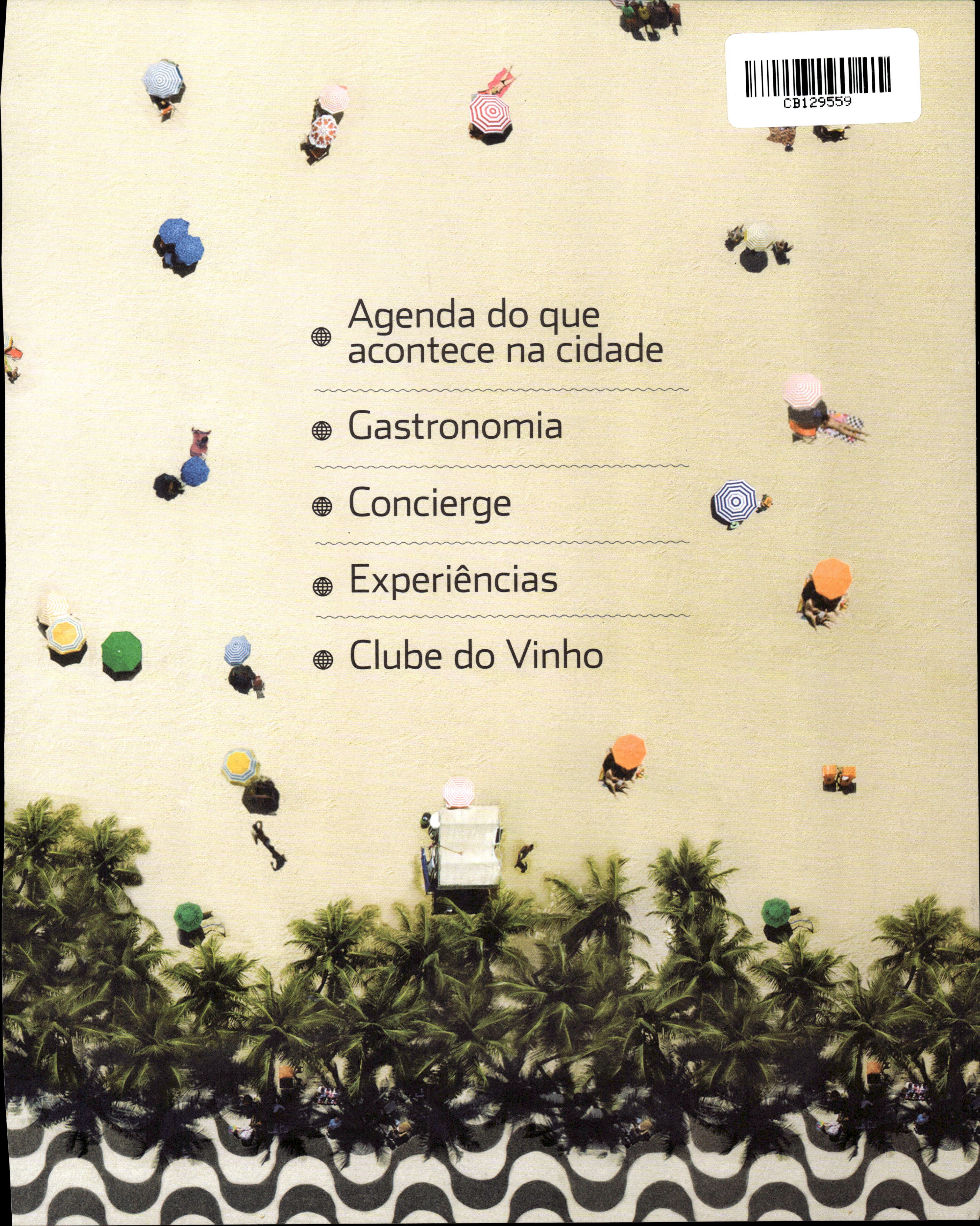

- Agenda do que acontece na cidade
- Gastronomia
- Concierge
- Experiências
- Clube do Vinho

RIO BOOK

RIO BOOK

2017

Publisher Ricardo Amaral

RARA
CULTURAL

Equipe
Staff

Direção geral: Ricardo Amaral
Direção comercial: Jarbas Nogueira
Direção editorial: Robert Halfoun
Direção de arte: Ronaldo Serrano

Revisão e versão em inglês: Julie Anne Caldas – Top Texto
Revisão: Flavia Lima
Fotos: Shutterstock, arquivo Rara e divulgação
Publicidade: João Pedro Araújo
Anúncios Vogue Square: RAF Design

Rara Cultural
Rua Gal. Garzón, 22 / 504, Lagoa, Rio de Janeiro – RJ.
Tel.: 55 21 2512-0340
rara@raracultural.com.br

Dados Internacionais de Catalogação da Publicação (CIP)

R452

Rio Book: 2017 / Editor Ricardo Amaral. – Rio de Janeiro :
Rara Cultural, 2016.
264 p. : il.; 33 cm.

ISBN 978-85-67863-09-2

1. Turismo – Rio de Janeiro. 2. Guia – Rio de Janeiro.
I. Ricardo Amaral (Editor) II. Título.

CDU (036) 338.48 (815.3)

RIO BOOK DIGITAL
RIO BOOK DIGITAL

Faça o download do e-book do Rio Book.
Para baixá-lo, é só utilizar um aplicativo de leitura de QR Code
e aguardar enquanto o arquivo é carregado.

To download the Rio Book's e-Book, you just have to use
a QR Code Reader and scan the code using the app.
After the QR Code is identified, wait for the file to be downloaded.

O RIO É UMA FESTA!
RIO IS A PARTY!

A Rio 2016 passou. Foi um sucesso! Cá entre nós, nunca duvidamos disso... A simpatia e a hospitalidade tão típicas de quem vive por aqui encantaram os milhares de visitantes que passaram pela cidade, incluindo aqueles com o olhar investigativo e o discurso rabugento. No fim, até o *The New York Times* deixou isso bem claro nos seus editoriais.

Agora, fica o legado dos Jogos Olímpicos. Ficam novos quartos de hotel e uma programação viva capaz de seduzir todas as faixas etárias. Fica a expectativa crescente dos visitantes de serem abraçados ao aportarem por aqui.

Assim como o Cristo Redentor, do alto do Corcovado, estamos de braços abertos para receber o mundo de forma ainda melhor. O novo prefeito, Marcelo Crivella, entendeu o desafio e a responsabilidade e está viabilizando uma agenda poderosa e diversificada, capaz de tornar o Rio a maior arena de eventos do mundo.

Fazemos votos para que os cartões-postais, as atrações culturais, os centros de compras, as mais variadas sugestões de gastronomia, as opções de hospedagem e os espaços para eventos sejam inspiradores para você eleger o Rio como seu destino predileto. Está tudo nas próximas páginas, com textos tão precisos quanto objetivos, numa linguagem moderna, que estende-se para o e-book e para o portal *Rio Book*, com tudo o que você encontra neste livro somado a uma agenda com o que de melhor acontece na cidade e ainda um cardápio de experiências, sugeridas por uma equipe de curadores.

Enfim, o *Rio Book* é a grande referência para quem vem à cidade.

Seja muito bem-vindo à nossa festa!

Rio 2016 Olympic Games are over. It was a success! To be honest, we never doubted it.... The congeniality and hospitality, so characteristic of those who live here, captivated the visitors who have been in the city, including the ones with investigating eyes and grumbling speech. At the end, even The New York Times declared the success of the event in its editorials.

Now, the Olympic Games legacy remains. The new hotel's rooms and a vibrant agenda for audiences of all ages. As well as the Cristo Redentor, up from the Corcovado, with have our arms opened to even better welcome the world.

The new mayor, Marcelo Crivella, got the challenge and now Rio will be able to became one oh the biggest events arena in the world.

We hope that the postcards, cultural attractions, the most varied options in cuisine and much more makes you choose Rio as your favorite destination. All of it are detailed in the next pages and extended to the e-book and Rio Book website, with all the content of this book including a schedule with the best events in the city and a menu of experiences, suggested by a curator´s team.

Finally, Rio Book is a great reference for whoever comes to the city.

You are very welcome to our party!

Ricardo Amaral, publisher

John Walker & Sons
THE RARE BLEND
JOHNNIE WALKER BLUE LABEL®
BOSSA IN BLUE
JOHNNIE WALKER
Blue Label
BLENDED SCOTCH WHISKY
A BLEND OF OUR RAREST WHISKIES
John Walker & Sons
KEEP WALKING BRAZIL
LIMITED EDITION
40% vol
750ml
ESTABLISHED 1820
APRECIE COM MODERAÇÃO

BARRA DA TIJUCA

O LUGAR QUE MAIS CRESCE NA CIDADE

Pelo eixo das avenidas Salvador Allende e Abelardo Bueno se desenvolve o futuro da cidade: é a nova centralidade do Rio de Janeiro, região para onde a metrópole se expande, com uma ampla oferta de serviços, malha viária moderna, rede de transportes públicos e infraestrutura completa. A nova centralidade, palco das Olimpíadas e das Paralimpíadas, é um legado para todos os cariocas.

CENTRO METROPOLITANO

O DESTINO DO RIO DE JANEIRO

Projetado por Lucio Costa, com largas avenidas e infraestrutura completa, o Centro Metropolitano segue um conceito de planejamento urbano moderno, que se destaca em empreendimentos como o Shopping Metropolitano, o Hotel Hilton Barra Rio de Janeiro e o Universe Empresarial. O novo coração do Rio de Janeiro já pulsa na região.

Avenida Abelardo Bueno - Centro Metropolitano

HOTEL HILTON BARRA

O primeiro cinco estrelas
com a bandeira Hilton da cidade.

UNIVERSE EMPRESARIAL

Um complexo corporativo
com salas escritórios e lojas.

SHOPPING METROPOLITANO BARRA

Compras, lazer e gastronomia.

ILHA PURA

O ESTILO DE VIDA CONTEMPORÂNEO

Emoldurada por um parque de 72 mil metros quadrados, Ilha Pura já está com um terço de seus condomínios prontos, na área do complexo que recebeu os atletas das Olimpíadas 2016. A combinação única de paisagismo, lazer, sustentabilidade e infraestrutura estabelece um estilo de vida com a cara do século XXI, em plena nova centralidade da Barra da Tijuca, a região da cidade que mais cresce e se valoriza.

CARVALHO
HOSKEN S/A
65 ANOS
carvalhohosken.com.br

MasterCard
RIO
NÃO TEM PREÇO®

UMA VISTA QUE NÃO VAI SAIR DO PENSAMENTO: NÃO TEM PREÇO.
Só quem é cliente MasterCard® pode viver experiências exclusivas no Rio de Janeiro, como curtir a cidade do alto em um helicóptero, jantar na casa de uma chef renomada e ter cadeira exclusiva nas mais famosas praias do mundo. Aproveite para viver um Rio só seu.
Reserve a sua experiência em naotempreco.com.br/rio
MasterCard Platinum
5412 7512 3412 3456
PLATINUM
M. MOLINA
MasterCard
Black
5412 7512 3412 3456
M. MOLINA
MasterCard

ANIMALE · ANTONIO BERNARDO · ATEEN · BURBERRY · CARLA AMORIM · CIA MARÍTIMA · CLINIQUE · COACH DOLCE & GABBANA · EMPORIO ARMANI · ERMENEGILDO ZEGNA · HAVAIANAS · JO MALONE · LE CREUSET NIKE · OMEGA · OSKLEN COLLECTION · PATBO · RESERVA · RICHARDS · SALVATORE FERRAGAMO · SCHUTZ · VERVE e mais 160 lojas.

O melhor lugar para férias
é no Club Med.

RIODESIGN
Barra e Leblon
Igual, só no Rio Design.

ÍNDICE
INDEX

#queroviver
nesse
rio
Da sua futura janela, sempre uma maravilha do Rio. Conheça os empreendimentos imobiliários nos melhores pontos da cidade e assinados por uma das maiores incorporadoras do Brasil. Acesse o site e descubra qual o RJZ Cyrela feito para você.
UMA DAS MAIORES INCORPORADORAS DO BRASIL
SAIBA MAIS 21 3550 2500
querovivernesserio.com.br
RJZ
CYRELA

CIDADE DO RIO, CIDADE DO ROCK

artplan
O Rio nasceu com vocação para a alegria, para promover grandes festas, sediar eventos capazes de reunir milhões de pessoas de todas as tribos, de todas as cores, de todas as idades. Eventos que atraem turistas, trazem divisas, geram emprego, movimentam a economia e tornam a cidade cada vez mais maravilhosa. Palavra do festival que leva, orgulhoso, o Rio no nome para onde quer que vá.
Rock in Rio

RIO BOOK

CARTÕES-POSTAIS
LANDMARKS

Corcovado

No alto do Morro do Corcovado, no Parque Nacional da Tijuca, está o mais famoso cartão-postal do Rio

De braços abertos sobre a Guanabara, eleita uma das Sete Novas Maravilhas do Mundo Moderno, a estátua do Cristo Redentor foi inaugurada em 1931 e é até hoje a imagem brasileira mais reconhecida no mundo. Imponente, o Cristo mede 32 metros, pesa 1.145 toneladas e conta com elevadores e escadas rolantes. Mas para chegar ao monumento, o melhor meio é o trenzinho, passeio que é uma atração à parte em meio à Mata Atlântica.

The most iconic landmark in Rio de Janeiro is located at the peak of Corcovado mountain, in Tijuca Forest National Park. The Christ the Redeemer statue opened in 1931 and today it is the best-known symbol of Brazil, in addition to being one of the New Seven Wonders of the World. The imposing statue is 32 meters tall and weighs 1,145 tons. There are lifts and escalators, but the best way to get there is the cog train, because the ride up through the Atlantic Forest is an attraction in itself.

Rua Cosme Velho, 513, Cosme Velho
Tel.: 55 21 2558-1329 www.corcovado.com.br

Pão de Acúcar

Não há roteiro no Rio que não inclua a subida a um dos mais belos e conhecidos ícones naturais do mundo

Ele fica bem na entrada da Baía de Guanabara, ele é formado por dois mirantes de encher os olhos: o Morro da Urca, com 227 metros de altura, e o Pão de Açúcar, 170 metros mais alto, de onde se vê a Enseada de Botafogo, a Baía da Guanabara, a Pedra da Gávea, a Serra do Mar e a imensidão do Oceano Atlântico. Há quem faça trilhas e escaladas, mas o transporte oficial é por outro ícone carioca: os charmosos e confortáveis teleféricos envidraçados do Caminho Aéreo do Pão de Açúcar.

The Sugar Loaf is included in absolutely all sightseeing tours in Rio. It is one of the most beautiful and famous natural icons of the city and the world. It is located at the entrance to the city's Guanabara Bay and made up by two lookout points with breathtaking views: Urca Hill, which is 227 meters high, and the Sugar Loaf Mountain, which is 170 meters higher and from where you can see Botafogo Bay, Guanabara Bay, Pedra da Gávea mountain, Serra do Mar (Portuguese for Sea ridge) and the vastness of the Atlantic Ocean. Some people hike and climb the mountains, but most people go up Sugar Loaf mountain by means of another landmark in the city: Rio de Janeiro's "bondinho" or cable car.

Avenida Pasteur, 520, Urca.
Tel.: 55 21 2546-8400; www.bondinho.com.br

Maracanã

Ele é mais do que um estádio de futebol

O grande círculo de concreto é o eterno templo do Beautiful Game mundial. Foi lá que Pelé marcou seu milésimo gol, em 1969. Foi lá, também, que o Brasil amargou a histórica derrota para o Uruguai, na Copa de 1950. Inteiramente reformado, ele foi palco das festas de abertura e encerramento dos Jogos Olímpicos Rio 2016. As novas instalações, com capacidade para 78 mil pessoas, são abertas para visitação guiada.

Maracanã Stadium has been duly renovated and it is now much more than just another soccer stadium, for 78,000 people. Pelé scored his 1,000th goal there, in 1969. This is also where Brazil lost the 1950 World Cup to Uruguay, one of the biggest upsets in the History of the Brazilian soccer. It got a makeover and was the stage of the opening and closing ceremonies of the 2016 Rio Olympic Games. Open for guided tours.

Rua Professor Eurico Rabelo, s/n, Maracanã
Tel.: 0800 062 7222 www.maracana.com

Praia de Copacabana

A mais democrática praia da cidade não é chamada de Princesinha do Mar à toa

Suas areias emanam charme para todos os públicos e ela é circundada por um calçadão igualmente famoso, com o marcante traçado de pedras portuguesas. A larga faixa de areia tem espaço suficiente para diversas modalidades de esporte, principalmente o vôlei e o futebol. É na praia de Copacabana que ocorre também a queima de fogos mais tradicional do réveillon carioca, que todos os anos atrai mais de dois milhões de pessoas.

Not for nothing was the most democratic beach in Rio nicknamed Princess of the Sea (Princesinha do Mar). The beach is just lovely and there is the famous wavy mosaic sidewalk all along the beachfront. People practice all kinds of sports on the beach, especially beach volleyball and soccer. Every year, over two million people go to Copacabana beach to celebrate New Year's Eve and watch the most traditional fireworks in Rio de Janeiro.

Arcos da Lapa

O antigo aqueduto é considerado a maior obra arquitetônica do período colonial brasileiro

Erguidos no século XVIII para melhorar a distribuição e o fornecimento de água para a cidade, os imponentes Arcos da Lapa hoje funcionam como viaduto por onde passa o tradicional bondinho que liga a estação da Carioca ao bairro de Santa Teresa. São 42 arcos em estilo romano e 270 metros de extensão. Reduto natural de artistas no século XIX, por lá também circulam, ainda hoje, os frequentadores da boemia popular carioca. E os visitantes adoram.

The old aqueduct, considered to be the greatest piece of architecture from the Brazilian colonial period, is also one of the most famous landmarks of Rio around the world. The Arches of Lapa were built in the 18th century to improve water distribution and supply to the city and today they serve as a viaduct to antique trams connecting Carioca subway station to the district of Santa Teresa. They are made up of 42 Roman-style arches and they are 270 meters long. They used to be a meeting place for artists in the 19th century. Today they are in the heart of Rio's bohemia. And tourists just love them.

Praça Cardeal Câmara, Lapa

Sambódromo

É aqui onde acontece o Desfile das Escolas de Samba, um dos maiores espetáculos da Terra

O genuíno carnaval do Rio acontece nas ruas. Mas é do Sambódromo que ele se projeta para o mundo. O espaço traçado pelo arquiteto Oscar Niemeyer, erguido em 1984 e reformado 30 anos depois, é o palco oficial dos desfiles das escolas de samba do Rio de Janeiro, o maior espetáculo que a cidade produz. Fora do período de carnaval, o local abriga grandes espetáculos de rock. E em 2016, sediou a chegada da Maratona e as competições de tiro com arco nos Jogos Olímpicos.

Authentic carnival in Rio happens on the streets. However, Sambadrome takes it to the whole world. The place designed by architect Oscar Niemeyer, built in 1984 and renovated 30 years later, is the main stage for Rio de Janeiro samba schools' parades, the greatest show in the city. During the year, the place is used for big rock concerts. And in 2016, was the Marathon's finishing line and host archery competitions during the Olympic Games.

Rua Marquês de Sapucaí, s/n, Centro

Praia de Ipanema

A mais charmosa do Rio exporta tendências e carioquices para o mundo todo

Daqui, há mais de 40 anos, saem as tendências e os modismos que tomam conta da cidade e do país. Do famoso Posto 9, república da juventude dourada carioca, ao reduto GLS em frente à rua Farme de Amoedo, as areias de Ipanema são, sobretudo, liberais, com espaço para todas as tribos.

Ipanema has dictated the latest trends in the city and the country for over 40 years now. From the famous Posto 9, which attracts a diverse, younger crowd, to the gay section in front of Farme de Amoedo street, Ipanema beach is, above all, a quite liberal place all kinds of people can enjoy.

Santa Teresa

Visitar Santa Teresa é conhecer um Rio pitoresco, que não se vê em outras áreas da cidade

Antiga rota de fuga de escravos no século XVIII, espalhado pelas encostas do Morro do Desterro, o bairro reúne um riquíssimo casario colonial e uma forte vocação artística e gastronômica, além de vistas inusitadas das zonas Sul e Norte. Entre suas atrações estão o Convento de Santa Teresa, o Parque das Ruínas, a Escadaria Selarón, os largos do Curvelo, dos Guimarães e das Neves, e o Museu Chácara do Céu. Da Lapa até o alto do bairro, tudo pode ser percorrido a pé. E é aí que está a graça.

If you visit the district of Santa Teresa, you will get to know a peculiar side of Rio. The district's streets used to be escape routes for slaves in the 18th century, spread over Morro do Desterro (Desterro Hill). There are beautiful colonial houses and great restaurants, not to mention the beautiful views of the North and South Zones. Some of its attractions are the Santa Teresa Convent, Parque das Ruínas Park, the famous Selarón Staircase, Largo do Curvelo and Chácara do Céu museum. You can go all the way up from Lapa to Santa Teresa on foot. And that is what it is all about.

Lagoa Rodrigo de Freitas

Um espelho d'água emoldurado por montanhas cobertas de verde, no coração da Zona Sul

Como se não bastassem suas praias e florestas, os privilegiados bairros de Ipanema, Leblon, Gávea e Jardim Botânico ainda contam com a beleza da Lagoa Rodrigo de Freitas. Circundada por uma ciclovia de oito quilômetros e três parques com pistas de skate, quadras para a prática de esportes e inúmeros bares e restaurantes, a Lagoa é um polo de lazer que atrai cariocas e visitantes.

A huge lake surrounded by mountains, in the heart of the South Zone. As if the beaches and forests in privileged districts of Ipanema, Leblon, Gávea and Jardim Botânico weren't enough, there is also beautiful Lagoa Rodrigo de Freitas. There are eight-kilometer bike lane and three parks with skate lanes, sports fields and several bars and restaurants, for locals and tourists.

Carnaval de rua

A festa maior do espírito brasileiro no Rio não acontece apenas nos desfiles oficiais do Sambódromo

Pelo contrário: é nas ruas da cidade inteira e nos blocos que a grande maioria dos moradores se diverte – de graça – no Carnaval. Ao longo dos quatro dias de folia, calcula-se que mais de 450 blocos desfilam pelos bairros do Rio, arrastando ao todo mais de cinco milhões de foliões. E tem bloco para todos os gostos: de samba, de marchinha, de música pop, infantis, à fantasia ou de pura azaração. As opções parecem infinitas, e se somam ainda a outros eventos tradicionais, como o Baile do Copacabana Palace e a Feijoada do Amaral. Para quem está no Rio nesta época, é só escolher para se esbaldar.

Brazil's biggest popular party in Rio does not happen only in samba school parades at the Sambadrome. On the contrary: at Carnival, most Cariocas *party – for free – on the streets of the entire city in roving street parties, called Carnival blocks. It is estimated that over 450 Carnival blocks parade through Rio de Janeiro during the four-day festivities that draw over 5 million people to the streets each year. And there are Carnival blocks for everyone: some play samba, others play classic Carnival songs, pop music, there are blocks for kids, costume blocks and those where people essentially go to flirt. Options seem endless, not to mention other classic events, such as the ball at the Copacabana Palace hotel and "Feijoada do Amaral".*

Floresta da Tijuca

A maior floresta urbana do mundo revela a Mata Atlântica exuberante e um playground para atividades ao ar livre

Os quase quatro mil hectares do Parque Nacional da Tijuca, que correspondem a cerca de 3,5% da área do município do Rio, reúnem de atrativos naturais da Mata Atlântica a resquícios da História do Brasil. Mas é na Floresta da Tijuca, considerada a maior floresta urbana do mundo, que se escondem espécies exóticas e raras da fauna e da flora brasileiras, para deleite de quem se aventura pelas suas estradas e trilhas. Apesar de ser ideal para quem tem fôlego, disposição e pernas firmes, a floresta também oferece alguns confortos, como áreas reservadas para piqueniques, restaurantes e um grande centro de visitantes onde há exposição permanente das espécies nativas.

A must go place! On an area of nearly 4,000 hectares, corresponding to approximately 3.5% of the total municipal area of Rio, Tijuca Forest National Park offers Atlantic Forest natural attractions and vestiges of the History of Brazil. Tijuca Forest is considered to be the largest urban forest in the world and it is the home for exotic and rare species of the Brazilian fauna and flora, to the delight of those who decide to adventure into its roads and trails. Despite being perfect for those who are in good shape and have strong legs, Tijuca National Park also offers some comfort, such as picnic areas, restaurants and a visitor center, where you can see their permanent collection of native species.

Ponte Rio-Niterói

Sobre as águas da Baía de Guanabara,
ela é uma das maiores do mundo

Erguida sobre as águas da Baía de Guanabara e inaugurada em 1974, a Ponte Presidente Costa e Silva, conhecida como Ponte Rio-Niterói, tem 13 quilômetros de extensão e consumiu 140 mil quilômetros em fios de aço. Mesmo com mais de 40 anos de idade, ainda é a mais longa do Hemisfério Sul e só há dez maiores que ela em todo o mundo.

Presidente Costa e Silva Bridge, known as Rio-Niterói Bridge, was built over the waters of Guanabara Bay and opened in 1974. It is 13 kilometers long and 140 thousand kilometers of steel wire were used in its construction works. Despite being over 40 years old, it is still the longest bridge in the South Hemisphere and the 11th longest bridge in the whole world.

Mosteiro de São Bento

Fundada em 1590, a igreja com arquitetura barroca é toda em madeira folheada a ouro

O lugar é sagrado e exige vestimenta adequada. Mas vale muito a pena. Fundada em 1590, a igreja do histórico Mosteiro de São Bento é aberta ao público diariamente. O que mais atrai os visitantes – além do silêncio, das orações e da espetacular arquitetura barroca de seu interior, toda em madeira folheada a ouro – são as missas embaladas pelo coro dos monges beneditinos, grandes próceres do secular canto gregoriano. Para ouvir peças como a "Sonata apassionata", de Beethoven, é preciso antecipar a chegada. As missas de domingo, às dez horas da manhã, são disputadíssimas.

The place is sacred and requires appropriate clothes. But it is really worth it. The historical church of São Bento Monastery was established in 1590 and it is open to the public every day. In addition to the silence, the prayers and its spectacular baroque architecture (in gold-plated wood inside), visitors are attracted by the masses where they can hear the choir made up by Benedictine monks, the most important group of the secular Gregorian chants. In order to hear songs such as "Sonata apassionata" by Beethoven, you will have to arrive before mass time. Masses on Sundays, at 10 am, can get really crowded.

Rua Dom Gerardo, 40, Centro
Tel.: 55 21 2206-8100 www.osb.org.br

Praia da Joatinga

Escondida entre as praias de São Conrado e Barra, ela reservada, selvagem e deslumbrante

Tanta beleza impõe um desafio a quem decide visitá-la: a descida até ela, feita por uma encosta íngreme, não é das mais fáceis. Mas o pequeno sacrifício é compensado com sobras. Quieta e pouco frequentada, só o mar irrompe o silêncio que reina na faixa de areia branca, cercada pela diversidade ecológica da Mata Atlântica. E tudo isso a menos de cinco minutos do burburinho da Zona Sul.

Yes, it is hidden. But it is gorgeous. If you want to visit wild and quiet Joatinga beach, located between São Conrado and Barra da Tijuca beaches, you will have to face the challenge it presents to visitors: the walk down the steep hill to the beach is not exactly easy. But it is absolutely worth it. It is a quiet beach to which very few people go. Only the sound of the sea breaks the silence, which reigns on the strip of white sand, surrounded by the ecological diversity of the Atlantic Forest. And now picture all this only five minutes from busy South Zone.

Rua do Lavradio

A primeira residencial da cidade carrega parte expressiva da história do Rio

Ao longo do século XX mudou de ares e o perfil de seus frequentadores. Mas sem perder o charme. Hoje, serve tanto a passeios diurnos, pelo belo e resistente casario, quanto à fervilhante noite da Lapa. Uma vez por mês, abriga uma concorrida feira de antiguidades.

A significant part of Rio's History can be found on Lavradio Street. It is thought to be the first residential street in the city. The street scenery and regulars changed over the 20th century, but the street never lost its charm. Today, it is perfect for taking a walk during the day, given its beautiful old houses, and also for enjoying the exciting nightlife in Lapa. An antique street fair attracts lots of people once a month.

Igreja da Penha

É famosa pelos 382 degraus da escadaria principal

A Igreja de Nossa Senhora da Penha de França foi erguida em 1635, no alto de uma pedra. O acesso ao templo conta com um bondinho, que sai da estação Leopoldina. Mas a maioria dos devotos sobe a pé mesmo, ou de joelhos.

Nossa Senhora da Penha Church is a classic sanctuary for catholic pilgrimage. It is famous for its 382 steps on the main staircase. It was built in 1635, on the top of a hill, and visitors can get a tram at Leopoldina train station to go there. However, most people go up there on foot actually, or on their knees.

Largo da Penha, 19, Penha
Tel.: 55 21 3219-6262;
www.santuariopenhario.org.br

Parque do Flamengo

Ele é uma joia, entre a praia de Botafogo e o aeroporto Santos Dumont

Inaugurado em 1965, com projeto paisagístico de Roberto Burle Marx, o parque construído sobre um grande aterro na Baía de Guanabara oferece um vasto complexo de lazer que inclui quadras de esportes, quiosques, ciclovias e monumentos, além da própria faixa de areia da praia do Flamengo. São sete quilômetros de extensão e mais de 1,3 milhão de metros quadrados de área. É o maior e mais famoso parque da cidade.

The most beautiful way from Botafogo beach to Santos Dumont airport is definitely alongside the green lawn of Flamengo Park. The park opened in 1965, its landscape project was made by Roberto Burle Marx and it was built over an embankment on Guanabara Bay. It offers a vast leisure complex with sports fields, kiosks, bike lanes and monuments, not to mention the strip of sand of Flamengo beach. It is seven kilometers long and its area exceeds 1.3 million square meters. It is the largest and most famous park in Rio.

Parque Lage

O mais charmoso parque do Rio é aconchegante e muito bem conservado

Com 52 hectares de área verde, foi um engenho de açúcar nos tempos do Brasil Colônia, e conserva traços do período. As cavalariças, a lavanderia dos escravos e o suntuoso palacete que abriga a Escola de Artes Visuais (EAV) fazem do local uma interessante viagem ao passado, em meio a esculturas e instalações artísticas.

For many, this welcoming, easy-to-access and really well-kept park is the most charming one in Rio. Its green area of 52 hectares used to house a sugar mill back when Brazil was a colony of Portugal and some features from that period of time still remain. Stables, the place where slaves used to wash clothes and the sumptuous small palace, where today the School of Visual Arts (EAV) is located, take you back in time, among sculptures and art installations.

Rua Jardim Botânico, 414, Jardim Botânico. Tel.: 55 21 3257-1800; www.eavparquelage.rj.gov.br

Prainha

Sossegada, isolada e quase selvagem, é um paraíso e point dos surfistas

Área de preservação ambiental, a pequena faixa de areia branca cercada por morros cobertos de Mata Atlântica tem apenas 700 metros de extensão, mas suficientes para garantir a sensação de que a cidade e sua típica correria estão bem distantes dali. Localizada entre Grumari e o Recreio dos Bandeirantes, a praia possui estacionamento, quiosques e um bar especializado em frutos do mar.

Calm, isolated and almost wild Prainha (Small Beach) is surfers' favorite spot in Rio. It is an environmental protection area. The small strip of white sand surrounded by mountains covered by the Atlantic Forest. Between Grumari beach and the district of Recreio dos Bandeirantes. There is a parking lot, kiosks and a bar that specializes in seafood.

Arco do Teles

Boa parte da história do Rio flui por este beco, no centro da cidade

Último remanescente dos arcos que ligavam ruas e praças do centro antigo, o Arco do Teles era a principal via de acesso à praça XV, por séculos a mais importante da cidade. Hoje, é sinônimo de boemia. Seu entorno abriga restaurantes, cafés e bares que promovem concorridos happy-hours.

A major part of Rio's History has taken place in this alley. Teles Arch is the last remaining of the arches that used to connect streets and old downtown squares. It used to be the main access way to Praça XV and it was the most important one in the city for centuries. Today, it is a synonym for bohemia. Surrounding the Teles Arch you will find restaurants, coffee houses and bars with crowded happy-hours.

Marina da Glória

Ela conta com estrutura náutica de primeira e um senhor polo gastronômico

Próxima do Centro, ao lado do Aeroporto Santos Dumont e integrada ao Parque do Flamengo, a Marina da Glória tem estrutura náutica privilegiada, recentemente renovada. Mais do que isso, a Marina conta agora com uma série de ótimos restaurantes, ciclovia, mirantes e estrutura para eventos culturais, transformando-a numa ótima opção de passeio para locais e turistas. É daqui, aliás, de onde saem imperdíveis passeios de barco pela orla carioca.

Featuring first-class nautical facility and striking gastronomic center. Close to downtown, next to Santos Dumont airport and integrated with Flamengo Park, Marina da Glória has a privileged, recently renovated nautical facility. Furthermore, Marina now offers a range of great restaurants, bike lanes and place for cultural events, becoming a great entertainment option for both locals and tourists. It is, by the way, the departure point of many amazing boat trips along the coast of Rio.

Av. Infante Dom Henrique, S/N, Glória. Tel.: 55 21 2555-2200; www.marinadagloria.com.br

Vista Chinesa

Uma homenagem justa a quem trouxe o cultivo do chá para o Brasil

Esse foi o mote da construção do pavilhão em estilo oriental, numa clareira da Floresta da Tijuca a 380 metros de altitude, em 1902. Até hoje, é de onde se tem uma das vistas mais belas da cidade, descortinando todas as praias das zonas Sul e Oeste.

A fair tribute to those who first started to grow tea in Brazil. This was the idea that inspired this Chinese-style outlook point located in a clearing in Tijuca Forest at 380 meters high, in 1902.
To this day, this is the place from where you can get one of the most beautiful views of the city, and see all beaches in the South and West zones.

Estrada da Vista Chinesa, 789, Alto da Boa Vista

Ilhas Cagarras

Bem em frente à praia de Ipanema, é um arquipélago único

Ele está a meros cinco quilômetros da areia. É habitado exclusivamente por gaivotas, atobás, garças, biguás e outras espécies de pássaros. Patrimônio natural do Rio, o conjunto conta com sete ilhas e rochedos, todos desabitados: Cagarra, Laje da Cagarra, Filhote da Cagarra, Matias, Comprida, Praça Onze e Palmas. Ver o Rio de lá é um privilégio restrito: poucas empresas fazem o passeio até as Ilhas, frequentadas mais amiúde por pescadores e mergulhadores.

In front of Ipanema beach, only five kilometers from the sand, there is a unique group of islands, which is the exclusive home of seagulls, boobies, herons, cormorants and other bird species. This archipelago is considered as a natural heritage in Rio, and it is made up of seven islands and cliffs, all uninhabited: Cagarra, Laje da Cagarra, Filhote da Cagarra, Matias, Comprida, Praça Onze and Palmas. Seeing Rio from there is a privilege for few: not many companies offer tours to the islands, which are more frequently visited by fishermen and divers.

Cinelândia

Theatro Municipal, Museu Nacional de Belas Artes e Biblioteca Nacional

O triângulo arquitetônico que envolve a Cinelândia, no entorno da praça Marechal Floriano, é dos mais ilustres na história do Rio Antigo. O nome surgiu a partir da década de 1930, com a construção de quatro cinemas na região. Hoje, apenas o Odeon resiste, agora como centro cultural.

Rio's Opera House, the National Museum of Fine Arts and the National Library. The architectonic triangle in Cinelândia, on Marechal Floriano square, is one of the most important places of old Rio's History. The name first came up in the 30's, when four movie theaters were built in the area. Today, only Odeon movie theater remains, now as a cultural center.

Ilha Fiscal

Pertinho do continente, é badalada como sede do último baile do Império

E quinze minutos de barco, desembarcamos na área de sete mil metros quadrados na parte mais nobre da Baía de Guanabara. O pequeno castelo em estilo neogótico foi esculpido por escravos em pedra gnaisse. A obra, que levou sete anos, foi inaugurada por Dom Pedro II em 1889. Aberta à visitação, a ilha faz parte do Espaço Cultural da Marinha.

It is a short distance and the trip takes only fifteen minutes. Fiscal Island (Ilha Fiscal) is about one kilometer from the continent and occupies and area of 7,000 square meters in the most noble part of Guanabara Bay. The small neo-gothic style castle was carved out by slaves in gneiss stone and hosted the last ball of the Empire. The works lasted seven years and the castle was opened by Dom Pedro II of Portugal in 1889. The castle is open to the public and the island is part of the Navy's Cultural Center.

Rua Dom Manuel, 15, Praça XV
Tel.: 55 21 2104-5506;
www.mar.mil.br/dphdm/

O RIO OLÍMPICO

Os principais pontos criados ou reformados para a Rio 2016

1. Vila Olímpica e Paralímpica

Com 3.604 apartamentos, ela recebeu 17.950 atletas. Os edifícios com 17 andares cada, têm vista para lagoa, praia, Pedra da Gávea e Parque da Pedra Branca. A área de lazer da vila, que fica bem próxima ao Parque Olímpico, possui piscinas e área comum com oito quadras esportivas, parques infantis, uma pista de skate e uma de patinação.

Av. Salvador Allende, 3200, Recreio

With 3,604 apartments, it received 17,950 athletes. The buildings have 17 floors each, overlooking the Lagoa, beaches, the Gávea Stone and the Pedra Branca Park. The village´s entertainment area, which is located really close to the Olympic Park, has swimming pools and an interaction space with eight courts, playgrounds, a skateboard ramp and an ice skating rink.

2. Parque Olímpico

O complexo abriga as Arenas Cariocas, o Centro Principal de Mídia (MPC), o Centro Internacional de Transmissão (IBC), o hotel, o Estádio Aquático, o Centro de Tênis, o Velódromo e a Arena do Futuro. Foi o coração dos Jogos Olímpicos Rio 2016.

The complex includes the Carioca Arenas, the Main Media Center (MPC), the International Broadcast Center (IBC), the hotel, the Water Stadium, the Tennis Center, the Velodrome and Arena of the Future. It was the heart of Rio Olympic Games of 2016.

3. Via Olímpica

Principal acesso ao Parque Olímpico, ela tem um quilômetro de extensão, da entrada do Parque a Lagoa de Jacarepaguá, com cinco terraços e dois mirantes. Sua forma sinuosa foi inspirada nas curvas do calçadão de Copacabana. A ideia é que, a partir dela, fosse possível acessar os principais pontos de competições.

Considered the main access to the Olympic Park, it is one kilometer long, from the entrance of the Park to Jacarepaguá Lake, has five decks and two belvederes. Its sinuous shape was inspired in the curves of Copacabana sidewalks. The idea was that, starting from it, you could reach the main competition areas.

ARENAS

4. Carioca 1

Ela recebeu 16 mil espectadores. Depois da Rio 2016, será a casa do esporte de alto rendimento e pode receber eventos também.

It received 16 thousand viewers. After Rio 2016, it will be the house of high performance sports and can also host other events.

5. Carioca 2

Tem 10 mil lugares e salas de treinamento de lutas, esgrima e ginástica rítimica, entre outros, construídas sobre as lajes.

The place was built over the roof slabs and has 10 thousand seats and training rooms for fighting, fencing and artistic gymnastics, among others.

6. Carioca 3

Depois da Rio 2016, ela se transformará num Ginásio Experimental Olímpico, uma escola vocacionada para o esporte.

After Rio 2016, it will become an Experimental Olympic Gymnasium, a school focused on sports.

7. Arena Rio

Receberá grandes shows e eventos esportivos. Aqui é o lugar também do Centro de Treinamento de Ginástica Artística.

Great concerts and sport events will take place here. It is also where the Artistic Gymnastic Training Center.

8. Centro de Tênis

Tem 10 mil lugares na quadra principal, 5 mil, na Quadra 2, e 3 mil, na Quadra 3. É composto ainda por mais sete quadras de jogo e seis quadras de treino e aquecimento. Receberá torneios e projetos sociais, depois dos Jogos Olímpicos.

The main court has the capacity for 10 thousand people, the court 2 has 5 thousand seats and the Court 3 has 3 thousand seats. It also has seven other courts and six courts for trainings and warmups. After the Olympics, it will host social projects and tournaments.

9. Velódromo Olímpico do Rio

O ginásio, o mais moderno do país para a modalidade, passa a ter múltipla utilização, depois dos Jogos. O centro da pista receberá equipamentos para a prática de taekwondo, esgrima, boxe e levantamento de peso.

The gymnasium, the most modern in the country for this sport, will have multiple uses after the Games. The center of the raceway will receive equipment for the practice of taekwondo, fencing, boxing and weight lifting.

10. Marina da Glória

Reformada, conta com restaurantes e lojas. Ganhou mais vagas para carros e vagas secas e molhadas para barcos. O paisagismo foi projetado pelo escritório Burle Marx.

It has been renovated and includes restaurants and stores. There are more parking places and also wet and dry boat storages. The landscaping was designed by Burle Marx´s office.

11. Estádio Aquático

Recebeu 18 mil espectadores. Depois dos Jogos, se transformará em dois centros aquáticos, ambos com piscinas olímpicas (uma coberta) e arquibancadas.

It has the capacity for 18 thousand people. After the Games, it will be transformed into two water centers, both with Olympic-size swimming pools (one is indoor) and grandstands.

12. Parque Aquático Maria Lenk

O lar dos saltos ornamentais, do nado sincronizado e das preliminares do polo aquático manterá seu perfil voltado para o alto rendimento, mas seu papel é ampliado com a oferta de vagas para cerca de 800 jovens de projetos sociais.

The home for diving, synchronized swimming and the qualifying for water polo, will keep its focus in high performance sports, but its role will be expanded with the offering of spots for approximately 800 young people from social projects.

13. Maracanã

O estádio foi o palco das cerimônias de abertura e de encerramento da Rio 2016.

The stadium was the stage for the opening and closing ceremonies of Rio 2016.

14. Estádio Olímpico

Palco do atletismo, ganhou cara nova para a Rio 2016. Durante os Jogos, o Engenhão também recebeu jogos de futebol.

The stage for athletics, it was renewed for Rio 2016. During the Olympics, the Engenhão also hosted soccer games.

15. Arena do Futuro

Depois dos jogos, o espaço será desmontado e transformado em quatro escolas municipais, cada uma com capacidade para 500 alunos.

After the Games, the place will be disassembled and transformed into four municipal schools, each one will have the capacity for 500 students.

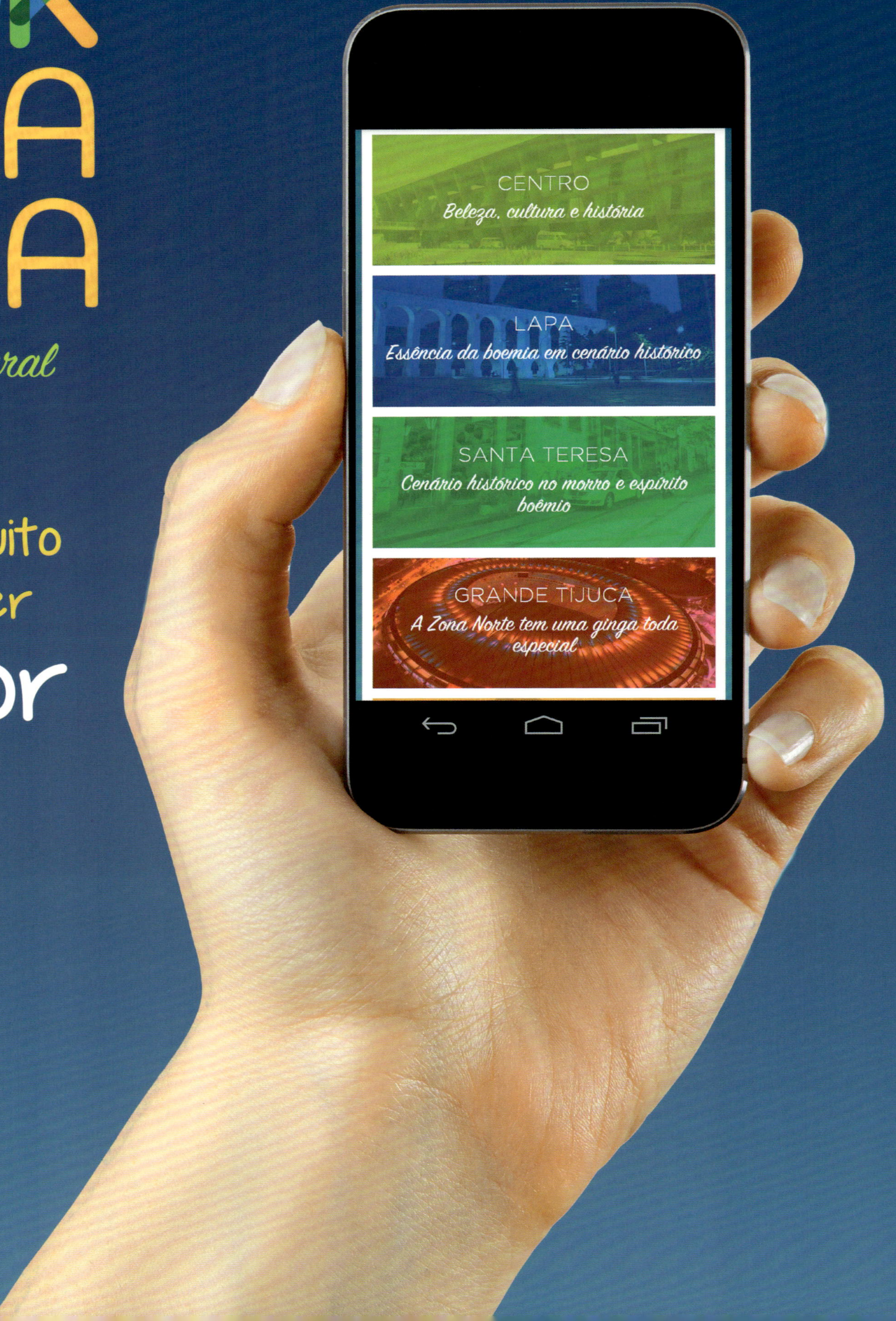

CENTRO
Beleza, cultura e história
LAPA
Essência da boemia em cenário histórico
SANTA TERESA
Cenário histórico no morro e espírito boêmio
GRANDE TIJUCA
A Zona Norte tem uma ginga toda especial

Porto Maravilha

Ele resgata a região portuária da cidade, com grande valor histórico, estratégico e cultural

O porto do Rio foi, do período colonial até o início da República, uma das principais portas de entrada do país. Até que intervenções equivocadas em seu entorno, somadas ao investimento em outras áreas da cidade, fizessem com que a região entrasse em grave decadência. Um dos marcos da renovação é a Operação Urbana Porto Maravilha, uma parceria público-privada entre a Concessionária Porto Novo e a Prefeitura do Rio, que fez a região portuária reencontrar sua vocação cosmopolita com qualidade, tecnologia e sustentabilidade, tornando-se um bom lugar para trabalho, lazer e moradia.

A demolição do Elevado da Perimetral, viaduto de 4,7 quilômetros, abriu caminhos para um novo conceito de utilização e gestão de espaços públicos, com o redesenho viário, nova iluminação pública, coleta seletiva de resíduos – tudo monitorado com a mais alta tecnologia pela Porto Novo.

A ampliação de calçadas, adoção de vias exclusivas para pedestres e a criação de novas áreas de lazer, além do plantio de 15 mil árvores, são alguns dos itens desse que é hoje um dos maiores projetos de requalificação urbana do mundo. A revitalizada Praça Mauá foi escolhida como local de transmissão de competições esportivas e atrações culturais durante os Jogos Rio 2106 e fez do chamado Boulevard Olímpico, uma área de lazer com 3,5 km de extensão, o mais novo cartão-postal que a cidade exibe para o mundo.

Rio de Janeiro´s Harbor was, during the colonial period until the beginning of the Republic, one of the main doors for the country. The serious decay of the area happened due to erroneous measures in its surroundings, combined with investments made in other regions of the city. One of the milestones for its renovation is the Operação Urbana Porto Maravilha (Urban Operation Wonder Harbor), a public-private partnership between Porto Novo Concessionária and Rio´s Municipal Government, which enabled the harbor area to regain its urban purpose with quality, technology and sustainability, becoming a pleasant place for work, entertainment and living. The demolition of the Elevado da Perimetral, a 4.7 kilometers long overpass, opened ways for a new concept on the use and management of public spaces, with the road redesign, new public lighting and waste collection – everything monitored with high technology.

The expansion of sidewalks, the adoption of exclusive roads for pedestrians and the creation of new leisure areas, besides the planting of 15 thousand trees, are some of the characteristics of what can be considered today one of the greatest urban requalification projects in the world. The revitalized Praça Mauá was chosen as the place for the broadcast of sport competitions and cultural attractions during Rio 2016 Games and transformed the Olympic Boulevard into a leisure area with more than 3,5 kilometers long, the newest postcard that the city shows to the world.

TRIBUNAL REGIONAL ELEITORAL
DO RIO DE JANEIRO

RIO BOOK
CONCESSIONÁRIA
PORTO NOVO

Cais do Valongo e da Imperatriz

O lugar onde ocorria o desembarque e o comércio de escravos fora aterrado no início do século XX. Hoje, é um sítio arqueológico recuperado pelas obras da Porto Novo.

The place where slaves used to be commercialized and dropped was leveled in the beginning of the 20th century. Today, it is an archaeological site recovered by the construction work of Porto Novo.

Jardim Suspenso do Valongo

O Jardim Suspenso do Valongo, inaugurado em 1906, foi restaurado na primeira fase das obras do Porto Maravilha, em 2011. No local há também a Casa da Guarda, um centro cultural.

The garden was opened in 1906. The first stage of work of Porto Novo in 2011 restored everything. Today, the Guard´s house is cultural center.

Museu do Amanhã

Símbolo da revitalização da região, o projeto do arquiteto Santiago Calatrava foi empreendido pela Porto Novo com uso de expertises tecnológicas construtivas.

The icon of the revitalization in the area, the project signed by the architect Santiago Clatrava was undertaken by Porto Novo using construction technology expertise (read more in the section New Museums in Rio).

Praça Mauá

Urbanizada no início do século passado, foi ponto de efervescência e integrava a cidade à Baía até ser escondida pela Perimetral. Com a derrubada do elevado, tornou-se o coração do Boulevard Olímpico.

Urbanized in the beginning of the last century it used to be a hot spot and connected the city to the Bay until it was hidden by the Perimetral. With the demolition of the Elevado, it became the heart of the Olympic Boulevard.

Orla Conde

Passeio público arborizado de 3,5 km a partir do Armazém 8 do Cais do Porto. O projeto urbanístico, desenvolvido pela Porto Novo, equipou a área com deques, calçadão, ciclovia, praças e áreas de convivência.

A public woody promenade with 3,5 kilometers from the Armazém 8 to the Pier Harbor. The urban project, developed by Porto Novo, equipped the area with decks, sidewalks, bike lanes, squares and an interaction area.

Novas vias

Parte do sistema de mobilidade urbana, a Via Binário do Porto liga a Rodoviária à avenida Rio Branco, a principal do Centro. E a Via Expressa faz a ligação do Aterro do Flamengo com a avenida Brasil e a Ponte Rio-Niterói.

Part of the urban mobility system, the Via Binário do Porto connects the Bus Station to the Rio Branco Avenue, access to the Center. And the Express Route connects the Aterro do Flamengo to the Brasil Avenue and the Rio-Niterói Bridge.

Novos túneis

O Túnel Arquiteta Nina Rabha, com duas galerias, faz parte da Via Binário. O Túnel Rio 450 tem uma galeria de 1.480 metros, parte dele abaixo do nível do mar. O Túnel Marcello Alencar tem duas galerias, uma com 3.382 m.

The Saúde Tunnel, with two galleries, is part of the Via Binário. The Tunnel Rio 450 has one 1,480-meters gallery, part of it goes below sea level. The Tunnel Marcelo Alencar starts from the new Express Route, with two galleries, one is 3,382 meters.

OS 100 + DO MUNDO · OS RECOMENDADOS · PARA VER E SER VISTO
BONI AMARAL
GUIA DOS GUIAS
RESTAURANTES 2014
2ª edição
QUITANDA
Casa da Palavra
BONI
UNIDOS DO OUTRO MUNDO
DIALOGANDO COM OS MORTOS
RARA
ESTAÇÃO BRASIL
GUIA
BONI & AMARAL
464 indicações de onde comer muito bem
RIO
2016 | 2017
O LIVRO DO BONI
Casa da Palavra
VIVER VALE A PENA
IVO PITANGUY
RARA
Casa da Palavra
Histórias da GASTRONOMIA BRASILEIRA
Dos banquetes de Cururupeba ao Alex Atala
Ricardo Amaral com Robert Halfoun
RARA
COSTA DO PERÓ
HISTÓRIA, GLAMOUR & CHARME
Ricardo Amaral
RARA
Casa da Palavra
RIO BOOK
RARA

RARA
CULTURAL
Gastronomia, biografias, turismo
Impresso ou e-book
À venda em www.riobookguide.com.br
Editora Rara Cultural . +55 (21) 2512 0340 . Rua General Garzon, 22 sala/504 . Lagoa . 22470-010 . Rio de Janeiro . Brasil

CULTURA
CULTURE

Theatro Municipal

Inspirado na Ópera de Paris, a grande casa de espetáculos do Rio é hors-concours

Inaugurado em 1909 e desde então na linha de frente dos grandes teatros nacionais, é a única instituição cultural do Brasil a manter coro, uma orquestra sinfônica e uma companhia de balé próprios. Oferece uma agenda anual repleta de espetáculos de dança, música e ópera nacionais e estrangeiros.

Inspired by Paris Opera, one could say that Theatro Municipal is hors concours in Rio, for its sumptuousness, sophistication and beauty. It opened in 1909 and has been in the front line of important Brazilian theaters ever since. It is the only cultural institution in Brazil to have its own choir, symphony orchestra and ballet company. The theater hosts dance shows and concerts, in addition to Brazilian and foreign operas.

Praça Marechal Floriano, s/n-Centro. Tel.: 55 21 2332-9191; www.theatromunicipal.rj.gov.br

Museu Nacional de Belas Artes

Com mais de 16 mil obras, é o principal museu do gênero no Brasil

O acervo do MNBA é grandioso como a história das artes plásticas. Mas apesar de expor obras de todas as fases da produção pictográfica brasileira e mundial, o destaque é para as criações do século XIX. Inaugurado em 1938, o MNBA já nasceu grande: coube a ele incorporar o acervo da antiga Academia Imperial de Belas Artes, a AIBA.

The collection of MNBA is as great as the History of fine arts. Its collection includes over 16 thousand pieces what makes the place the most important museum of its kind in Brazil. Despite displaying works from all periods of fine art production in Brazil and worldwide, the starts of the museum are the works from the 19th century. MNBA opened in 1938, and it started out big: it was chosen to hold the collection of the former Imperial Academy of Fine Arts (AIBA).

Avenida Rio Branco, 199, Centro. Tel.: 55 21 2240-0068; www.mnba.gov.br

Real Gabinete Português de Leitura

A arquitetura do edifício de 1887 é tão deslumbrante que ele figura na lista das vinte bibliotecas mais bonitas do mundo

A seleção é da revista americana *Time*. Mas não bastasse tanta beleza, o gabinete guarda o maior volume de obras lusitanas fora de Portugal, com mais de 350 mil obras. Entre elas, um exemplar da primeira edição de *Os Lusíadas*, de Luis de Camões, impresso em 1572.

The architecture of the library built in 1887 is so gorgeous that it ranks among the world's twenty most beautiful libraries, according to the list published by American Time magazine. The library houses the largest collection of Portuguese works outside Portugal. There is a copy of the first edition of Os Lusíadas (The Lusiads) by Luis de Camões published in 1572.

Rua Luís de Camões, 30, Centro.
Tel.: 55 21 2221-3138; www.realgabinete.com.br

Centro Cultural Banco do Brasil

No coração da área onde o Rio nasceu, ele é o maior polo de cultura da cidade

O maior polo de artes do Rio tem endereço certo desde 1989. Em estilo neoclássico, o prédio que abriga o Centro Cultural Banco do Brasil, no Centro da cidade, tem 17 mil metros quadrados onde funcionam quatro salas de exposição, dois teatros, uma biblioteca, um auditório e salas de vídeo e cinema de diversos tamanhos, além de café e livraria. Abrigo para as principais exposições estrangeiras que aportam no Rio de Janeiro, o CCBB também oferece uma programação intensa de espetáculos, mostras de filmes, debates, oficinas e ciclos de conferências. Tudo sempre de graça e em horários que permitem a visita de quem trabalha no Centro, na hora do almoço ou no fim do expediente.

This has been the greatest cultural center in Rio since 1989. Centro Cultural Banco do Brasil (Banco do Brasil Cultural Center) is located in a neoclassical-style building of 17,000 square meters in the city center. There are four exhibition rooms, two theaters, a library, an auditorium, screening rooms of different sizes, a coffee house and a bookstore. CCBB hosts the main foreign exhibitions that come to Rio de Janeiro and there are always lots of shows, film festivals, debates, workshops and conferences going on. All free of charge and at convenient time, so those who work in the city center can go there during the lunch break or after work.

Rua Primeiro de Março, 66, Centro.
Tel.: 55 21 3808-2020
www.bb.com.br/cultura

Fundação Eva Klabin

Ela abriga um dos mais importantes acervos de arte clássica da cidade

São mais de duas mil peças datadas do Egito Antigo ao Impressionismo, reunidas pela colecionadora Eva Klabin. As pinturas, esculturas, mobiliário e objetos de arte decorativa estão em exposição permanente na casa onde Eva morou por mais de 30 anos.

Eva Klabin Foundation houses one of the most important classical art collections in Rio. There are over 2 thousand works dating from the Ancient Egypt to Impressionism, gathered by art collector Eva Klabin. Paintings, sculptures, furniture and art objects are in permanent exhibition in the house where Eva lived for over 30 years.

Avenida Epitácio Pessoa, 2.480, Lagoa.
Tel.: 55 21 3202-8550
www.evaklabin.org.br

Museu Internacional de Arte Naif

Uma gema cultural que até mesmo muitos cariocas ainda desconhecem

O museu cobre este gênero artístico de cerca de 100 países. Entre artistas brasileiros e estrangeiros, a casa expõe mais de cinco mil peças, do século XV aos dias de hoje. Com foco na formação e ampliação do público, o museu oferece visitas guiadas e mediadas.

This is another gem in the city that many locals still don't know. The International Museum of Naïf Art (in Portuguese: MuseuInternacional de Arte Naïf) houses pieces of Naïf art from approximately 100 countries. The museum displays over 5 thousand works by Brazilian and foreign artists dating from the 15th century to the present days. The museum offers guided tours.

Rua Cosme Velho, 561, Cosme Velho.
Tel.: 55 21 2205-8612
www.museunaif.com

Palácio do Catete
Museu da República

Ex- sede do governo, abrigou grandes momentos da nossa democracia

Alguns dramáticos, como o suicídio de Getúlio Vargas, em 1954. Por quase 70 anos, de 1897 a 1960, o local foi o centro das atenções populares e referência para inúmeras manifestações. Com a transferência da capital para Brasília, perdeu função política e ganhou relevância cultural. Abriga o Museu da República (cuja visita permite conhecer os aposentos de Getúlio), um agradável jardim público e um cinema de arte.

Palácio do Catete was the seat of the federal government from 1897 to 1960, and it was the stage for some very important events in the History of Brazilian democracy, such as Getúlio Vargas' suicide in 1954. For almost 70 years, the place was the center of public attention and the stage for several public demonstrations. When Brasília became the new main capital of Brazil, Catete Palace lost its political role and gained cultural relevance. The palace complex includes the Republic Museum, a beautiful garden and an art movie theater.

Rua do Catete, 153, Catete.
Tel.: 55 21 2127-0324
www.museudarepublica.museus.gov.br

Instituto Moreira Salles (IMS)

É um centro de cultura aprazível por fora e requintado por dentro

O IMS segue fielmente no espírito da família que o criou. A casa de três mil metros quadrados, que já foi morada do banqueiro Walter Moreira Salles e sua esposa Elisinha, guarda um excelente acervo de fotos históricas, músicas, livros e filmes. A programação mescla exposições, shows, palestras, mostras de cinema e arte.

IMS is a cultural center which is pleasant outside and sophisticated inside, in the spirit of the family that created it. The house of 3,000 square meters, where banker Walter Moreira Salles and his wife Elisinha once lived, houses an excellent collection of historic photos, songs, books and films. Instituto Moreira Salles hosts concerts, lectures, film festivals and art exhibitions.

Rua Marquês de São Vicente, 476, Gávea.
Tel.: 55 21 3284-7400;
www.ims.com.br

Casa de Arte e Cultura Julieta de Serpa

A França num belíssimo palacete de arquitetura neoclássica

De frente para a praia do Flamengo, o lugar preserva – tanto na refinadíssima decoração quanto na programação cultural e nas opções gastronômicas – um quê da Paris dos anos 1920. Tradicional casa de festas e casamentos chiques, há alguns anos o palacete começou a ampliar suas áreas de atuação, e hoje também abriga o restaurante Paris Gastrô e a drinqueria Paris Bar.

In the gorgeous neoclassical-style palace, in front of Flamengo beach, Julieta de Serpa House of Arts and Culture reminds us of Paris in the 20's with its quite sophisticated decoration, cultural events and French cuisine. The house has always been a classic choice for fancy parties and weddings, but some years ago it started to expand its activities and today there is also the Paris Gastrô restaurant and Paris Bar.

Praia do Flamengo, 340, Flamengo.
Tel.: 55 21 2551-1278
www.julietadeserpa.com.br

Casa de Rui Barbosa

Cheia de estilo, ela é o templo onde morou o escritor, político e diplomata

Com arquitetura impactante e três salões contíguos, a casa conserva o estilo do grande intelectual brasileiro, morador oficial do local até 1923. Em 1966, ela se transformou em espaço cultural com o objetivo de investir na preservação. Tanto do acervo bibliográfico e documental que abriga, como do histórico e romântico jardim que mantém.

Casa de Rui Barbosa Museum was established in 1966, and preservation is its purpose. It aims at preserving not only the book collection and document archive it houses, but also its historic and romantic garden. There are three large rooms facing São Clemente street and the museum maintains the style of Brazilian writer, politician and diplomat Rui Barbosa, who lived there until 1923.

Rua São Clemente, 134, Botafogo.
Tel.: 55 21 3289-4600
www.casaruibarbosa.gov.br

Museus Castro Maya

Aqui estão dois centros repletos de eventos em bela construção do século XIX

Há sempre uma exposição, um evento especial e uma atividade educativa no Museu Chácara do Céu, que, junto com o Museu do Açude, integra os Museus Castro Maya. A construção do século XIX foi inteiramente adaptada para receber o público e preservar o acervo de três mil gravuras em papel.

Visitors will always find an exhibition, some special event or education-related activity in Chácara do Céu Museum, which is part of Castro Maya Museum, which also includes Açude Museum. The 19th century house has been fully renovated to welcome the public and preserve the collection of 3 thousand paper paintings.

Rua Murtinho Nobre, 93, Santa Teresa.
Tel.: 55 21 3970-1126
www.museuscastromaya.com.br

Museu Casa do Pontal

Ele guarda o maior e mais significativo acervo de arte popular do país

Outra pérola escondida do Rio, que muitos cariocas ainda ignoram. São oito mil obras de 200 artistas brasileiros, reunidas pelo pintor francês Jacques Van de Beuque em seu bucólico sítio numa área rural da Zona Oeste da cidade. Por conta do isolamento, aos sábados o museu oferece transporte regular para turistas hospedados na Zona Sul.

This is another gem in Rio that many locals do not know. Casa do Pontal Museum houses the largest and most relevant popular art collection in Brazil. There are 8 thousand works by 200 Brazilian artists which were gathered by French painter Jacques Van de Beuque in his bucolic farm located in a rural area in the West Zone of Rio. Given its far location, on Saturdays the museum offers a transfer service for tourists staying in the South Zone.

Estrada do Pontal, 3.295,
Recreio dos Bandeirantes.
Tel.: 55 21 2490-3278
www.museucasadopontal.com.br

Casa de Cultura Laura Alvim

É o polo cultural mais próximo do mar no Rio

Há muito charme concentrado por aqui. Com três salas de cinema, uma galeria de arte e duas salas de teatro, a casa de cultura inaugurada em 1986 transforma os espaços da antiga residência da atriz e incentivadora cultural Laura Alvim na avenida Vieira Souto, na Praia de Ipanema, em puro aconchego cultural.

Charming is the word to define Laura Alvim Cultural Center (in Portuguese: Casa de Cultura Laura Alvim), the closest one to the seafront in Rio. There are three screening rooms, an art gallery and two theater rooms. This cultural center opened in 1986, and it has turned the rooms of the house where Brazilian actress and art supporter Laura Alvim used to live on Vieira Souto Avenue, in Ipanema beach, into a sweet cultural place.

Avenida Vieira Souto, 176, Ipanema.
Tel.: 55 21 2332-2016
http://www.cultura.rj.gov.br/espaco/casa-de-cultura-laura-alvim
Tel.: 55 21 2138-0850

Museu do Amanhã

A proposta aqui é apresentar como poderemos moldar os próximos 50 anos numa jornada por amanhãs possíveis

Orientado pelos valores éticos da sustentabilidade e da convivência, o museu busca também promover a inovação, divulgar os avanços da ciência e publicar os sinais vitais do planeta. Também há uma área especialmente dedicada à inovação e à experimentação, o Laboratório de Atividades do Amanhã (LAA). Já o Observatório do Amanhã funciona como um radar: recebe e repercute informações de centros produtores de conhecimento em ciência, cultura e tecnologia do Brasil e do mundo. A atualização de conteúdo do museu se dá por meio do sistema Cérebro, que se conecta a instituições de referência em todo o mundo para garantir que os dados da exposição principal estejam atualizados.

Our intention here is to show how we can shape the next 50 years in a journey of possible tomorrows. Based on ethical values of sustainability and convenience, the museum also seeks to promote the innovation, spread Science advances and promulgate the vital signs of the planet. There is also an area specially designed for the innovation and the experimentation, the Laboratório de Atividades do Amanhã (Lab for the Activities of Tomorrow) – LAA. The Observatório do Amanhã (The Observatory of Tomorrow) works as a radar: it receives and sends information from the centers that produce knowledge in Science, culture and technology in Brazil and in the world. The museum´s update of information is made through the system called Cérebro (Brain), which is connected to benchmark institutions all over the world in order to guarantee that the data of the main exhibition is updated.

Praça Mauá, 1, Centro. Tel.: (21) 3812-1812.

Museu de Arte do Rio

É um dos marcos do Porto Maravilha, que faz parte da revitalização da zona portuária da cidade

Uma das missões do MAR é a de inscrever a arte no ensino público, por meio da Escola do Olhar. O museu está instalado na Praça Mauá em dois prédios de perfis heterogêneos e interligados: o Palacete Dom João VI, tombado, e o edifício vizinho, de estilo modernista, originalmente um terminal rodoviário. O antigo palacete abriga as salas de exposição do museu. O prédio vizinho é o espaço da Escola do Olhar, com foco principal na formação de educadores da rede pública de ensino. Com seu próprio acervo, o MAR conta também com empréstimos de obras de algumas das melhores coleções públicas e privadas do Brasil para a execução de seu programa.

It is one of the milestones of Porto Maravilha (Wonder Harbor), which is part of the revitalization in the city´s harbor area.One of the missions of MAR is to make Arts become part of the public education, through the Escola do Olhar (the name of the school). The museum is located in Praça Mauá (Mauá Square) in two buildings of distinct and connected styles: the Palacete Dom João VI (Little Palace Dom João VI), classified as listed, and the neighboring building, with a modern style, which was originally a bus station. The old little palace has the rooms for the museum´s exhibitions. The adjacent building is the Escola do Olhar (a school), with the main focus to form educators of the public schools. With its own collection, the museum also has the borrowing of works of art from some of the best public and private collections in Brazil, in order to carry out its schedule.

Praça Mauá, 5, Centro. Tel.: (21) 3031-2741.

Museu da Imagem e do Som

Usa os seus temas principais para definir a identidade carioca

A nova sede na Praia de Copacabana será mais um símbolo do Rio. Sua concepção arquitetônica propõe que o prédio de oito andares seja uma reprodução do famoso calçadão do bairro, dobrado e transformado num boulevard vertical. Há salas de exposição de longa e curta duração, espaços destinados à pesquisa, salas para atividades didáticas, um teatro/cinema de 280 lugares e até uma boate e um mirante. Abertura ao público prevista para 2017.

The place uses its main themes in order to define the carioca´s identity. The new site in Copacabana Beach will be one more emblem in Rio. Its architectonical conception suggests that the eight-floors building is a reproduction of the famous sidewalk in the neighborhood, folded and transformed in a vertical boulevard. There are short and long term exhibition rooms, places designed for researches, rooms for educational activities, a theater/cinema with 280 seats and even a night club and an observation deck. Opening in 2017.

Av. Atlântica, 3432, Copacabana. Tel.: (21) 2146-1579

TROUSSEAU

Gisella Amaral

RIO BOOK

GASTRONOMIA
GASTRONOMY

RESTAURANTES • BARES E BOTECOS • CAFÉ, DOCES E SANDUÍCHES

RESTAURANTS • BARS AND BOTECOS • CAFES • SWEETS AND SANDWICHES

Zazá Bistrô

Esplanada Grill

Rubaiyat Rio

Bazzar

Olympe

Gero

Naturalie Bistrô

Gurumê

Mee

Alloro

Restaurante • Italiano • Adega • Em hotel
Restaurant • Italian • Cellar • Inside hotel

O restaurante no Hotel Windsor deu nova vida à culinária italiana no Rio desde que inaugurou, em 2012. O responsável por isso é Luciano Boseggia, o maior nome da cozinha da Bota no Brasil. Famoso por fazer risotos inesquecíveis, ele vai além. E brilha também no ossobuco cremosíssimo e no linguine ao vôngole, na costela de vitela empanada, os melhores da cidade.

The restaurant in the Windsor Hotel has given a new meaning to the Italian cuisine in Rio since it opened in 2012. The chef Luciano Boseggia is the biggest name in the Italian cuisine in Brazil. Famous for making unforgettable risottos, he goes even further, and also shines in creamy marrowbone and linguine with clam, on battered veal rib, the best in Rio.

Segunda a domingo,
para almoço e jantar.
Daily, for lunch and dinner.

Windsor Atlântica Hotel: Av. Atlântica, 1020, Leme. Tel.: +55 21 2195-7857
www.allororistorante.com.br

Aprazível

Restaurante • Brasileiro • Adega • Destaque
Restaurant • Brazilian • Cellar

Muitas árvores, ambiente acolhedor e uma senhora vista da Baía de Guanabara. Para melhorar, a casa em Santa Teresa serve comida boa, que combina ingredientes de diferentes regiões brasileiras. Comece com o pão de queijo com linguiça e siga sem medo. Para beber, aqui está uma das melhores cartas de vinhos nacionais do Rio, com verdadeiras joias de pequenos produtores locais. Há ainda um mundo de cachaças e cervejas especiais.

Many trees, a cozy atmosphere and a lovely view of Guanabara Bay. And it gets better: the house in Santa Teresa serves good food that combines ingredients from different Brazilian regions. Start with the cheese roll with sausage and go ahead without fear. To drink, here's one of the best lists of domestic wines in Rio, with true jewels of small local producers. There is still a world of cachaça *and specialty beers to be tasted.*

Terça a sábado, para almoço e jantar.
Domingo, para almoço.
Tuesday to saturday, for lunch and dinner. Sunday, for lunch.

Rua Aprazível, 62, Santa Teresa. Tel.: +55 21 2508-9174
www.aprazivel.com.br

Bazzar

Restaurante • Contemporâneo • Coquetel • Para ver e ser visto
Restaurant • Contemporary • Cocktail • To see and be seen

O ano de 2016 é um marco para a casa. Há dez anos, a *restauratrice* Cristiana Beltrão surgiu com a ideia de valorizar os fornecedores locais. De lá para cá, conseguiu manter um ótimo cardápio criativo e contemporâneo. Na entrada do elegante salão, o Bubble Bar é um convite a um bom espumante. No menu, pratos como o beijupirá, com pirão de farinha de Cruzeiro do Acre e míni arroz de lulas e camarão.

The year 2016 is a landmark for the house. Ten years ago, restauratrice Cristiana Beltrão decided to value local suppliers. Since then, she has managed to keep a great creative and contemporary menu. In the elegant hall entrance, the Bubble Bar is an invitation to a good sparkling wine. The menu offers dishes like Beijupira *with pirão made with flour from Cruzeiro do Acre and mini rice with squid and shrimp.*

Segunda a domingo,
para almoço e jantar.
Daily, for lunch and dinner.

Rua Barão da Torre, 538, Ipanema. Tel.: +55 21 3202-2894
www.bazzar.com.br

Bagatelle

Restaurante • Francês • Paquera • Novidade
Restaurant • French • Flirting • New

Restaurante? Balada? Bar? O Bagatelle é tudo isso. Nos moldes da matriz em NY, a unidade Rio, na tribuna social do Jockey Club, tem cardápio francês, iluminação que diminui durante a noite e música que só aumenta de volume, com DJ e dança em cima das cadeiras de quinta a sábado. Terça e quarta são bons dias para apreciar a gastronomia sem distrações.

Restaurant? Disco? Pub? Bagatelle is all that and more. Just like the parent restaurant in NY, Rio unit, at the social tribune of the Jockey Club, has French menu, lighting that dims during the night and music that only goes up in volume, with DJ and dancing on top of the chairs from Thursday to Saturday. Tuesday and Wednesday are good days to enjoy the food without distractions.

Segunda a sexta, para jantar. Sábado e domingo, para almoço e jantar.
Monday to Friday, for dinner. Saturday and Sunday, for lunch and dinner.

Praça Santos Dumont, 31, Gávea.
Tel.: +55 21 3435-0355
www.bistrotbagatelle.com.br

Bráz Pizzaria

Restaurante • Pizza
Restaurant • Pizza

Parte dos cariocas tem destino certo no domingo à noite: a fila da Bráz do Jardim Botânico. A casa estilosa com jeitão de brasserie veio de São Paulo para arrebatar o coração dos locais. O pão de linguiça é um clássico, antes da pizza, e o chope cremoso também. Na hora das redondas, é uma festa de coberturas, todas com ingredientes de primeira linha. Não vale a pena recomendar nenhuma em especial aqui. Vai do gosto do freguês.

Some of the Cariocas *have a sure destination on Sunday night: the queue in front of Bráz pizzaria, in Jardim Botânico. The stylish house with brasserie touches came from São Paulo to snatch* Cariocas' *heart. The sausage bread is a classic to eat before the pizza, and the creamy draft beer too. When it's time for pizza, it is like a parade of toppings, all with prime ingredients. Not worth recommending no special here. It's a matter of customer's preference.*

Segunda a domingo, para jantar.
Daily, for dinner.

Rua Maria Angélica, 129,
Jardim Botânico. Tel.: +55 21 2535-0687
www.brazpizzaria.com.br

Cipriani

Restaurante • Italiano • Adega • Em Hotel
Restaurant • Italian • Cellar • Inside hotel

O Copacabana Palace, com seus 92 anos de glamour, é mesmo o grande palácio de sofisticação do Rio. Na antiga sala de leitura do hotel, fica um dos mais elegantes restaurantes cariocas, em envolvente estilo neoclássico, defronte à sua famosa piscina, discretamente iluminada durante a noite. Da cozinha saem pratos tradicionais da Itália, com um toque atual. A brigada de serviço é impecável e discretíssima.

Copacabana Palace Hotel, with its 92 years of glamour, is indeed the great temple of sophistication in Rio. In the old reading room, you will find one of the finest Carioca *restaurants in an engaging neoclassical style, in front of the pool, discreetly illuminated at night. From the kitchen comes the traditional dishes from Italy, with a modern touch. The service crew is impeccable and discreet.*

Segunda a sábado, para almoço e jantar. domingo, para almoço.
Monday to Friday, for lunch and dinner. Sunday, for lunch.

Copacabana Palace: Av. Atlântica, 1702, Copacabana. Tel.: +55 21 2548-7070
www.belmond.com.

Corrientes 348

Restaurante • Carne • Adega • Novidade
Restaurant • Meat • Cellar • New

Esta filial da rede de *parrilla* argentina na cidade é enorme, com direito a varanda para a Baía de Guanabara. Para começar, nada melhor que uma boa empanada ou uma linguiça de *chorizo*. Cortes tradicionais como o bife de *ancho* são escolhas seguras. O *happy hour* tem menu com frutos do mar e drinques. Extensa adega.

This branch of the Argentine parrilla *chain in the city is huge, complete with balcony overlooking the Guanabara Bay. For starters, nothing better than a good empanada or sausage* chorizo*. Traditional cuts like* ancho *steak are safe choices. The happy hour menu has seafood and drinks. Extensive wine cellar.*

Segunda a domingo,
para almoço e jantar.
Daily, for lunch and dinner.

Av. Infante Dom Henrique,
sem número, restaurante 103, Centro.
Tel.: +55 21 2257-4027
www.corrientes348.com.br.

CT Brasserie

Restaurante • Francês • Em shopping
Restaurant • French • Inside mall

O CT Brasserie foi criado em Nova York há 26 anos, muito antes de Claude Troisgros suspeitar que viraria chef-celebridade. Hoje, a fórmula de antes é repetida – e faz o maior sucesso. O vasto menu engloba receitas francesas e clássicos nacionais, numa combinação democrática como só as brasseries podem ter. O ambiente nos leva à França, bem como a carta de vinhos.

The CT Brasserie was created in New York 26 years ago, long before Claude Troisgros could imagine he would become a celebrity chef. Today, the antique formula is repeated and very successful. The extensive menu includes French and national classic recipes in a democratic combination only brasseries can have. The place decor takes us to France, as well as the wine list.

Segunda a domingo, para
almoço e jantar.
Daily, for lunch and dinner.

Fashion Mall: Estrada da Gávea, 899,
São Conrado. Tel.: +55 21 3322-1440
www.ctbrasserie.com.br

CT Boucherie

Restaurante • Carne
Restaurant • Meat

A casa de carnes da família Troisgros, decorada como um açougue tipicamente francês, com salames e presuntos pendurados por ganchos no balcão, está sempre cheia. A receita, afinal, é genial: cortes, como o bife *ancho* da raça *black angus*, o *t-bone* e o *prime rib* de vitelo são servidos com um rodízio de acompanhamentos que inclui gostosuras como a polenta com agrião e o chuchu gratinado com queijo gruyère.

The steak house of the Troisgros family, decorated like a typical French butcher with salamis and hams hanging by hooks at the counter is always full. The idea, after all, is brilliant: cuts, such as ancho *steak of black angus breed, t-bone and prime rib of veal are served with side dishes rotation that includes delights such as the polenta with watercress and the gratin chayote with Gruyere cheese.*

Segunda a domingo,
para almoço e jantar.
Daily, for lunch and dinner.

Rua Dias Ferreira, 636, Leblon.
Tel.: +55 21 2529-2329.
www.ctboucherie.com.br

Cedro do Líbano

Restaurante • Árabe
Restaurant • Arabic

Um dos últimos remanescentes da cozinha sírio-libanesa, em meio à agitada Saara. Do menu fixo, vale a pena provar o quibe cru completo, a kafta bovina e outros clássicos como o charuto de folha de uva (talvez o melhor da cidade) e o arroz com lentilha. Mas não sem antes passar pela liturgia de uma *mezze* do Oriente Médio, com o pão árabe e seus recheios como *hommus*, coalhada seca ou *baba ghanoush*. Tudo simples, mas com espírito que cativa.

One of the last remnants of the Syrian-Lebanese cuisine, amid the bustling Saara area. From the set menu, it is worth tasting the full raw kebab, *the beef* kafta *and other classics such as grape leaf rolls (maybe the best in town) and rice with lentils. But not before going through the liturgy of a Middle Eastern mezze with pita bread and its fillings such as* hommus, *dry curd or* baba ghanoush. *All simple, but with a captivating aura.*

Segunda a sábado, para almoço.
Monday to Saturday, for lunch.

Rua Senhor dos Passos, 231, Centro.
Tel.: +55 21 2224-0163
www.restaurantecedrodolibano.com.br

Don Camillo

Restaurante • Italiano • Adega
Restaurant • Italian • Cellar

Em plena Avenida Atlântica, um recanto italiano seduz unindo tradição e qualidade. Aqui há receitas clássicas que desfilam num salão gostoso, animado por um divertido trio de músicos que tocam sucessos da Bota. À frente do serviço competente e com história na gastronomia carioca, o maître e sommelier Valmir Pereira faz as honras da casa.

IIn the middle of busy Avenida Atlântica, an Italian corner seduces putting together tradition and quality. Here you will find classics recipes served in a cozy and lively lounge, with a trio of Italian musicians. Ahead of the good service and with history in Rio's gastronomy, maître and sommelier Valmir Pereira does the honors.

Segunda a domingo, para almoço e jantar.
Daily, for lunch and dinner.

Av. Atlântica, 3.056, Copacabana.
Tel.: +55 21 2549-9958
www.doncamillo.com.br

QUE TAL CURTIR OS SABORES DO RIO EM UM ÚNICO LUGAR?
Rua do Rio
BEBA COM MODERAÇÃO.
UMA RUA INTEIRA DEDICADA À GASTRONOMIA. SÃO 15 RESTAURANTES EM UM AMBIENTE DESCONTRAÍDO COM O CHARME DO RIO ANTIGO, E COM AS COMODIDADES DE UM SHOPPING. UM LUGAR DELICIOSO PARA CURTIR COM OS AMIGOS AO MELHOR ESTILO CARIOCA.
OUTBACK STEAKHOUSE – BALADA MIX – RESTAURANTE SIRI – BOTECO DO MANOLO – QUIOSQUE CHOPP BRAHMA
BELUGA – NA BRASA COLUMBIA – PARMÊ RESTAURANTE – FRY'S BURGERS – ZOMBAR – GRILLET STEAK
DESTILADO BAR – O CAMARÃO ARTE BIA – CACHAÇARIA DO PETISCO – PETISCO DA VILA
RUA DO RIO: TODOS OS DIAS, DAS 12H À 1H.
SHOPPING NOVA AMÉRICA, SAÍDA 5, LINHA AMARELA.
ANCAR IVANHOE shopping centers
SHOPPING NOVA AMÉRICA

Eleven Rio

Restaurante • Contemporâneo • Adega • Novidade Restaurant • Contemporary • Cellar • New

Inventivo e muito talentoso, o chef alemão Joachim Koerper já havia conquistado uma estrela Michelin com o seu Eleven lusitano, até ser premiado com mais uma neste ano, agora com a casa carioca. Ele investe em criações que surpreendem e emocionam, em receitas que exploram nossos sentidos. O menu degustação é uma viagem, melhor ainda se harmonizado pelo sommelier português Jorge Nunes, um craque com sensibilidade extra para escolher bons vinhos.

Inventive and very talented, the German chef Joachim Koerper had won a Michelin star with his Lusitanian Eleven, to be awarded with another star this year, now with the Rio's house. He invests in creations that surprise and thrill, in recipes that exploit our senses. The tasting menu is a trip, even better if harmonized by Portuguese sommelier Jorge Nunes, an ace with extra sensitivity to choose good wines.

Terça a sábado, para jantar.
Domingo, para almoço.
Tuesday to Saturday, for dinner.
Sunday, for lunch.

Avenida Vieira Souto, 234, Ipanema.
Tel.: + 55 21 2267-9282
www.elevenrio.com.br

Esplanada Grill

Restaurante • Carne • Adega Restaurant • Meat • Cellar

Fregueses fiéis não disputam mesas: já deixam reservados seus lugares cativos para ocasiões especiais. No salão, moradores do bairro, empresários, artistas e confrades de Baco saboreiam clássicos como o costelão, que se desmancha ao toque do garfo, e a picanha fatiada. Imperdível, o couvert tem pães de queijo, salada juliana e farofa.

Loyal customers do not compete for tables: their captives places are already booked for special occasions. In the lounge, neighborhood residents, business people, artists and Bacchus devotees enjoy classics like costelão, which melts when the fork touches it, and the sliced picanha beef cut. Unmissable, the cover charge has cheese bread, julienne salad and farofa.

Segunda a domingo, para almoço e jantar.
Daily, for lunch and dinner.

Rua Barão da Torre, 600, Ipanema.
Tel.: + 55 21 2239-6028
www.esplanadagrill.com.br

Fasano Al Mare

Restaurante • Italiano • Adega • Em hotel Restaurant • Italian • Cellar • Inside hotel

O nome, uma homenagem à praia de Ipanema, pode confundir. Não se trata de um restaurante apenas dedicado às maravilhas do mar. O Fasano Al Mare tem cozinha tradicional italiana, que atende a exigentes frequentadores. Há três anos no posto, o chef italiano Paolo Lavezzini mantém a excelência do menu, com massas frescas, carnes, peixes e risotos primorosos. A adega conta com rótulos interessantes de produtores selecionados de toda a Itália.

The name, a tribute to Ipanema beach, can be misleading. This is not a restaurant dedicated only to the wonders of the sea. Fasano Al Mare has traditional Italian cuisine, which pleases demanding customers. Since 2013 Italian chef Paolo Lavezzini maintains the menu excellence with fresh pasta, meat, fish and tasteful risottos. The cellar has interesting labels of selected producers from all over Italy.

Segunda a domingo, para café da manhã, almoço e jantar.
Daily, for breakfast, lunch and dinner.

Avenida Vieira Souto, 80, Ipanema.
Tel.: + 55 21 3202-4030
www.fasano.com.br.

La Fiorentina

Restaurante • Italiano • Após meia-noite • Instituição carioca
Restaurant • Italian • Carioca institution • After midnight

Quase todo artista carioca tem uma história com a casa, um despojado restaurante no calçadão largo de Copacabana que dispõe de um salão de tradição boêmia. Assinaturas das mais variadas personalidades cobrem as colunas e paredes. A pizza e a comida italiana simples, que cumpre seu papel, agradam sempre. Para beliscar: o couvert com focaccia ou anéis de lula. Sob o comando de Omar Catito Peres, o lugar, lendário, vive novo período de glória.

Almost every Carioca *artist has a history with this house, a casual restaurant in the wide promenade of Copacabana which has a bohemian tradition saloon. Signatures of the most varied personalities cover the columns and walls. The pizza and the simple but well-done Italian food, are always pleasant. Run by Omar Catito Peres, the place, legendary, lives a new time of glory.*

Segunda a domingo, para almoço e jantar.
Daily, for lunch and dinner.

Av. Atlântica, 458 a, Copacabana. Tel.: + 55 21 2543-8395.
www.lafiorentina.com.br

Fogo de Chão

Restaurante • Carne • Adega
Restaurant • Meat • Cellar

A cadeia de churrascarias rodízio nasceu em Porto Alegre passou por São Paulo e se desenvolveu pelo mundo afora. Hoje pertence a um fundo (hoje tudo é fundo!). Para quem gosta de rodízio é muito interessante. Além da tradicional picanha, o bife *ancho* e o *shoulder steak* merecem atenção especial. O bufê transforma a refeição numa verdadeira comilança. A adega é naquele estilo suntuoso, cheia de rótulos argentinos.

The all-you-can-eat steak house chain started in Porto Alegre, arrived in São Paulo and then went international. Today it belongs to a trust (everything is about trusts nowadays!). If you like the all-you-can-eat system, this is your place. Besides the traditional picanha (Brazilian top sirloin cap), the ancho *beef and the shoulder steak deserve special attention. The sumptuous buffet helps turning a meal into a real binge. The wine cellar is full of labels from Argentina.*

Segunda a domingo, para almoço e jantar.
Daily, for lunch and dinner.

Av. Repórter Nestor Moreira, sem número, Botafogo.
Tel.: + 55 21 2542-1545. www.fogodechao.com.br.

GRANTED IN 1838 TO HONOR THE FOREFATHERS OF REVEREND EDWARD TANQUERAY
FOR GREETING FRIENDS WITH GENEROSITY AND THE KING'S FOES WITH FEROCITY
É MAIS QUE GIN TÔNICA.
É TANQUERAY & TONIC.
Tanqueray
IMPORTED
DISTILLED FOUR TIMES
MADE FROM THE WORLD'S FINEST BOTANICALS
LONDON DRY GIN
PRODUCED AND BOTTLED IN GREAT BRITAIN FOR
CHARLES TANQUERAY & CO.
750mL
47.3% ALC. BY VOL. (94.6 PROOF)
Graduação alcoólica da receita: 18,6g
#letstanqueray

Formidable Bistrot

Restaurante • Francês
Restaurant • French

O chef Pedro de Artagão, badalado pelo seu contemporâneo Irajá Gastrô, no bairro de Botafogo, amplia seus negócios neste pequeno bistrô. Pequeno mesmo. Nele são servidos clássicos franceses com um toque do chef. A comida é bem executada e há bons rótulos na carta de vinhos naturais. O *steak tartare* com fritas e o *boeuf borguignon* mostram o cozinheiro em grande forma.

Chef Pedro de Artagão, trendy for its contemporary Irajá Gastrô, in Botafogo, extends its business now with this small French bistro. Really small. In here French classics with a touch of the chef are served. The food is well executed and the cellar has some of the good labels of natural wines. The steak tartare with French fries and boeuf Borguignon *show the chef's talent.*

Segunda a domingo,
para almoço e jantar.
Daily, for lunch and dinner.

Rua João Lira, 148, Leblon.
Tel.: + 55 21 2239-7632
www.formidablebistrot.com.br

Gero

Restaurante • Italiano • Adega
Restaurant • Italian • Cellar

Na casa elegante e badalada, o restaurateur Rogério Fasano e o maître Alves, famoso na cidade, formam uma dupla afinada na arte de servir bem. O almoço tem tom de sala de reuniões, enquanto no jantar o clima é de coluna social. O maior trunfo é a regularidade da cozinha, com pratos, em sua maioria italianos, preparados com maestria. A carta de vinhos acompanha a boa extirpe do restaurante, com 300 rótulos.

In the elegant house, restaurateur Rogerio Fasano and maître Alves, famous in the city, form a double-tuned in the art of serving well. Lunch has a meeting room tone, while at dinner the atmosphere is upscale. The greatest asset is consistency, the dishes, mostly Italian, are prepared with mastery. The wine list accompanies this restaurant's good fame with 300 labels.

Segunda a domingo,
para almoço e jantar.
Daily, for lunch and dinner.

Rua Aníbal de Mendonça, 157, Ipanema.
Tel.: + 55 21 2239-8158
www.fasano.com.br

Guimas

Restaurante • Variado • Para ver e ser visto
Restaurant • Varied • To see and be seen

Seu fundador, Chico Mascarenhas, é um português que aprendeu a comer em Lisboa e a cozinhar em Paris. Assim surgiu a fórmula do Guimas, um bistrô essencial de pratos simples, como o *steak tartare* na ponta da faca ou o *steak au poivre*, de maciez singular. Massas, risotos e delicadezas como cavaquinhas completam o menu. Sem negar as origens, no entanto, opções de bacalhau mostram a que vêm. O cremosíssimo À Brás é exemplo disso.

Its founder, Chico Mascarenhas, is a Portuguese who learned eating in Lisbon and cooking in Paris. Thus arose the Guimas' formula, an essential bistro with simple dishes such as steak tartare or the steak au poivre, with singular softness. Pastas, risottos and delicacies as cavaquinhas complete the menu. Without denying the origins, however, cod options like the creamy À Brás, are really great.

Segunda a domingo,
para almoço e jantar.
Daily, for lunch and dinner.

Rua José Roberto Macedo Soares, 5, Gávea. Tel.: + 55 21 2259-7996
www.restauranteguimas.com.br

Gruta de Santo Antônio

Restaurante • Português • Adega
Restaurant • Portuguese • Cellar

Há alguns bons motivos para cruzar a ponte Rio-Niterói e chegar ao outro lado da Baía da Guanabara: ir à Gruta de Santo Antônio é o melhor deles. Aqui a cozinha portuguesa é tratada com maestria pela Dona Henriqueta Henriques e também pelo filho Alexandre Henriques. Juntos, eles praticam a infalível fórmula do restaurante familiar, onde tudo é cuidado com o maior esmero, especialmente as receitas passadas de geração em geração – e aperfeiçoadas ao longo dos tempos. Na casinha que parece ter saído do Alentejo e atracado por aqui, a gente começa pelas entradinhas de perder a cabeça, passa pelos bacalhaus feitos com muita personalidade e termina, já delirante, num passeio pelo doces portugueses. A carta de vinhos com os melhores rótulos portugas é de tirar o chapéu.

There are some good reasons to cross the Rio-Niteroi bridge and reach the other side the Guanabara Bay: go to the Gruta de Santo Antônio is the best one. Here, the portuguese cousine is made with talent by the owner and chef Dona Henriqueta Henriques and his son, Alexandre Henrques. Together the practice the unbeatable formula of the famly restaurant, where everything is prepared with a lot of carefull, specially the recipes that come from generation to generation. At the little house that looks like located in Alentejo (Portugal), we starts with the amazing entrées, goes to the autoral codfish and finish with a delirious tour by the portuguese deserts. The wine lists brings the best portuguese labels.

Domingo a quarta para almoço. Quinta a sábado para almoço e jantar.
Sunday to Wednesday for lunch. Thursday to Saturday for lunch and dinner.

Rua Silva Jardim, 148, Ponta d'Areia, Niterói.
Tel.: +55 21 2621-5701; www.grutadesantoantonio.com.br

Gula Gula

Restaurante • Instituição carioca • Novidade
Restaurant • Carioca institution • New

O cardápio com as famosas saladas e os pratos variados da rede se repete aqui. O diferencial da nova unidade é o belo casarão de paredes brancas, piso em tacos de madeira e decoração sofisticada, que ganha um ar *fresh* por conta do paisagismo esmerado. A clientela que já descobriu a casa lota o espaço na hora do almoço e também quando a noite cai.

The menu with the famous salads and various dishes of this chain is repeated here. The greatest differential of the new unit is the beautiful big house with white walls, wooden floors tacos and sophisticated decor, with a fresh look due to a dapper landscape desing. The customers who have already discovered the house crowd the space at lunch and when night falls.

Segunda a domingo, para almoço e jantar.
Daily, for lunch and dinner.

Rua Barão da Torre, 446, Ipanema. Tel.: +55 21 3322-2150
www.gulagula.com.br

Gurumê

Restaurante • Japonês • Em shopping
Restaurant • Japanese • Inside mall

É um dos maiores fenômenos gastronômicos da cidade, dentre os que surgiram recentemente, servindo comida japonesa de qualidade com uma ótima relação custo-benefício. Não à toa ganhou o selo Bib Gourmand do *Guia Michelin 2016*. A decoração é outro *must*, com um túnel de madeira em formato de onda, destaque na *Wallpaper*, renomada revista americana de tendências.

It is one of the greatest gastronomic phenomenon of the city, serving quality Japanese food with a great value for money. No wonder it was awarded the Seal Bib Gourmand in the 2016 Michelin Guide. The modern atmosphere is a must with its wavy wooden tunnel, which was featured in Wallpaper, a renowned American magazine.

Segunda a domingo,
para almoço e jantar.
Daily, for lunch and dinner.

Fashion Mall: Estrada da Gávea, 899,
3º piso (3rd floor), São Conrado.
Tel.: +55 21 3324-4290
www.japagurume.com.br

Irajá Gastrô

Restaurante • Contemporâneo
Restaurant • Contemporary

O requisitado restaurante do chef Pedro de Artagão serve pratos autorais, com raízes da culinária brasileira. O cozinheiro é talentoso e não raro surpreende com as suas criações. Bem carioca, a casa tem ambiente descontraído com um toque refinado. A gostosa antessala com mesinhas e pufes é um ótimo lugar para investir nos bons drinques servidos por aqui.

The famous restaurant of chef Pedro de Artagão serve signature dishes with influences of the Brazilian cuisine. The cook is talented and often surprises customers with his creations. Very Carioca, the house has a casual atmosphere with a refined touch. The warm anteroom with small tables and ottomans is a great place to enjoy the good drinks served there.

Segunda a domingo,
para almoço e jantar.
Daily, for lunch and dinner.

Rua Conde de Irajá, 109, Botafogo.
Tel.: +55 21 2246-1395
www.irajagastro.com.br

Laguiole

Restaurante • Contemporâneo • Adega
Restaurant • Contemporary • Cellar

Dentro do prédio icônico do MAM, a casa ganhou novos ares com mobiliário em tom verde-esmeralda e a chegada do chef revelação Elia Schramm. Ele mantém a linha contemporânea do menu e cozinha com talento. Boa amostra do que faz são o mil-folhas de língua defumada com foie gras e o lagostim com purê de inhame. A adega premiadíssima é mesmo bem acima da média encontrada no Brasil.

Inside the iconic MAM (Modern Art Museum) building, the house won new fresh air with the arrival of emerald green furniture tone and newly starred chef Elia Schramm. He keeps the contemporary way of the menu and cooks with talent. A good sample of what he makes are the mille-feuille of smoked tongue with foie gras and the lobster with yam puree. The cellar, with expert curators, is well above the average found in Brazil.

Segunda a sexta, para almoço.
Monday to Friday, for lunch.

Museu de Arte Moderna:
Av. Infante Dom Henrique, 85, Centro.
Tel.: +55 21 2517-3129
www.eventosmam.com.br

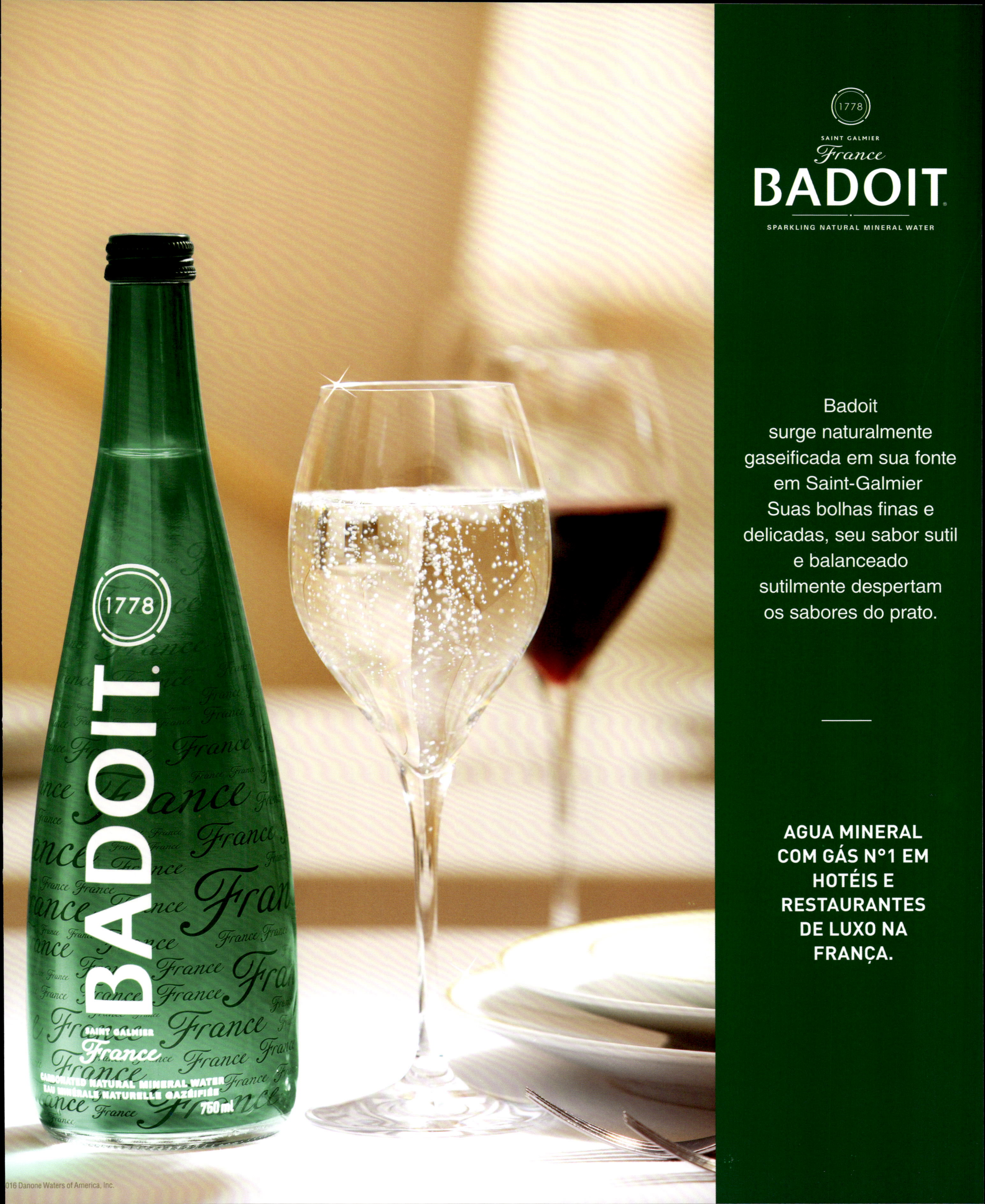
1778
BADOIT
SAINT GALMIER
France
CARBONATED NATURAL MINERAL WATER
EAU MINÉRALE NATURELLE GAZÉIFIÉE
750 ml
016 Danone Waters of America, Inc.
1778
SAINT GALMIER
France
BADOIT
SPARKLING NATURAL MINERAL WATER
Badoit
surge naturalmente
gaseificada em sua fonte
em Saint-Galmier
Suas bolhas finas e
delicadas, seu sabor sutil
e balanceado
sutilmente despertam
os sabores do prato.
AGUA MINERAL
COM GÁS N°1 EM
HOTÉIS E
RESTAURANTES
DE LUXO NA
FRANÇA.

Lasai

Restaurante • Contemporâneo
Restaurant • Contemporary

Ex-chef executivo do estrelado Mugaritz, top 10 mundial, Rafael Costa e Silva mergulha no que há de mais moderno na gastronomia: o conceito *from farm to fork* (da fazenda para o garfo). Além de investir em pequenos produtores, ele chega a ter hortas próprias. Tudo isso se transforma em pratos delicados, com uma rara combinação de elementos. Há quem, no entanto, espere mais sabor de algumas das criações do chef. O restaurante não atende sem reserva: são dias de espera (é apenas um serviço por dia).

Ex-executive chef in the starred Mugaritz, world's top 10 list, Rafael Costa e Silva dives in what's most modern in the world gastronomy: the concept "from farm to fork". Therefore, besides purchasing from small producers, he has his own vegetable garden. All this turns into delicate dishes, with a rare combination of elements. However, a few customers expect more flavor of some of the chef's creations. The restaurant does not accept customers without reservation – it can take days, even weeks of waiting.

Terça a sábado, para jantar.
Tuesday to Saturday, for dinner.

Rua Conde de Irajá, 191, Botafogo.
tel.: +55 21 3449-1834
www.lasai.com.br

Lorenzo Bistrô

Restaurante • Francês
Restaurant • French

É um dos mais agradáveis restaurantes de bairro do Rio. Aqui, João Luiz Garcia, o Janjão, um dos principais nomes da gastronomia carioca, serve uma comida variada e com sotaque francês, gostosa e executada como se deve, a exemplo do frango assado com ervas e champignons. Ao chegar na casa, peça uma mesa no segundo andar, canto mais reservado e mais charmoso.

It is one of the nicest neighborhood restaurants in Rio. There, João Luiz Garcia (known as Janjão), one of the top names in Rio's gastronomy, serves varied food with French accent, tasty and properly prepared, like the roast chicken with herbs and mushrooms. Upon arriving at the house, ask for a table on the second floor, more charming spot.

Segunda a sábado,
para almoço e jantar.
Monday to Saturday, for lunch and dinner.

Rua Visconde de Carandaí, 2,
Jardim Botânico. Tel.: +55 21 3114-0855
www.lorenzobistro.com.br.

Mamma Jamma

Restaurante • Pizza
Restaurant • Pizza

Aqui servem pizzas deliciosas, feitas com farinha italiana de fermentação natural e muçarela de cura especial. As opções de coberturas vão desde as tradicionais a composições mais sofisticadas, incluindo uma receita criada pela festejada chef Flavia Quaresma, com queijo de cabra, azeitonas pretas marinadas em raspas de limão-siciliano e alho. A casa investe ainda em uma rica carta de azeites, uma raridade no Rio.

Here they serve delicious pizzas, made with Italian natural fermentation flour and special mozzarella. The choices of toppings range from traditional to more sophisticated compositions, including a recipe created by famous chef Flavia Quaresma, with goat cheese, black olives marinated in lemon zest and garlic. The house also invests in a rich list of olive oil, a rarity in Rio.

Segunda a domingo, para jantar.
Daily, for dinner.

Rua Saturnino de Brito, 50,
Jardim Botânico. Tel.: +55 21 3875-1223
www.mammajamma.com.br

evian®

Pureza dos Alpes Franceses

A água evian começa como neve e chuva nos altos picos dos Alpes Franceses.

Protegida dentro do coração das montanhas, cada gota é filtrada através de camadas de glaciais ricos em minerais por mais de 15 anos.

Pura por natureza e intocada pelo homem, a água surge na fonte em Evian-les-Bains, onde tem sido engarrafada desde 1826.

Margutta

Restaurante • Italiano • Frutos do mar
Restaurant • Italian • Seafood

Inaugurado há 21 anos, mantém o movimento em alta com seus pratos italianos generosos, com foco em frutos do mar. As receitas são feitas pelo carismático Paulo Neroni (uma figuraça) e por sua esposa, Conceição. De entrada, valem as panelinhas de camarão com alho, champignon paris com vinho branco e muçarela. O famoso pargo ao sal grosso é uma opção segura e saborosa.

Open for 21 years , this restaurant has always attracted many customers with its generous Italian dishes, focusing on seafood. The recipes are made by charismatic Paulo Neroni (a real character) and his wife, Conceição. To start, try shrimp cliques with garlic, mushrooms paris with white wine and mozzarella. The famous snapper to coarse salt is a safe and tasty.

Segunda a quinta, para jantar.
Sexta a domingo, para almoço e jantar.
Monday to Thursday, for lunch.
Friday to Sunday, for lunch and dinner.

Av. Henrique Dumont, 62, Ipanema.
Tel.: +55 21 2259-3887
www.margutta.com.br

Mee

Restaurante • Asiático • Em hotel
Restaurant • Asian • Inside hotel

O oriental do Copacabana Palace é o mais falado da cidade, principalmente depois de confirmar a estrela Michelin, conquistada já na primeira edição do guia no Brasil. O menu pan-asiático, de fato, empolga. Especialmente a parte fria dele, feita atrás de um imponente balcão iluminado. A casa conta também com uma fina carta de saquês, e o serviço impecável é um dos mais simpáticos da cidade.

The oriental restaurant of Copacabana Palace Hotel is the most famous one of the city, especially after confirming a Michelin star, won on the first edition of the guide in Brazil. The Pan-Asian menu, in fact, is great. Especially the cold dishes, made behind an imposing and illuminated counter. The house also has a fine list of sakes, and the impeccable service is one of the nicest ones in town..

Segunda a domingo, para jantar.
Daily, for dinner.

Copacabana Palace: AvAtlântica, 1.702, Copacabana. Tel.: +55 21 2548-7070
www.copacabanapalace.com.br

Casa Carandaí

Irajá Gastrô

CT Boucherie

Gula Gula

Eleven

Naga

Restaurante • Japonês • Em shopping
Restaurant • Japanese • Inside mall

A decoração é absolutamente cool, a atmosfera é descolada e a comida é... Fantástica! Estamos falando de um dos melhores japas da cidade, com verdadeiras joias no cardápio. Na carta de saquês, mais preciosidades, muitas garimpadas em viagens ao Japão. Uma marca paulista que deu certo.

The decoration is absolutely cool, the atmosphere is trendy and the food is... fantastic! We are talking about one of the best japanese restaurants in town, with truly jewels in its menu. The saque options bring more treasures, most of them picked in trips the owners usually make to Japan. This is a typical São Paulo brand that works perfectly well in Rio, too.

Segunda a domingo,
para almoço e jantar.
Daily, for lunch and dinner.

Village Mall: Av. das Américas, 3.900, 3º piso, Barra. Tel.: +55 21 3252-2698
www.nagayama.com.br

Olympe

Restaurante • Francês
Restaurant • French

Claude Troisgros faz parte de uma geração de chefs franceses que chegou na esteira de Paul Bocuse e revolucionou a cozinha no Rio nos anos 1970, trazendo influências e técnicas europeias combinadas aos nossos ingredientes. Virou celebridade de TV e abriu vários restaurantes. No Olympe, uma das casas mais elegantes e agradáveis do Rio, passou o bastão para o filho, Thomas Troisgros, que cria novas preciosidades com influências da *nouvelle cousine* e faz clássicos eternizados pelo pai.

Claude Troisgros is part of a generation of French chefs who came right after Paul Bocuse, in the 1970s, bringing influences and European techniques combined with our ingredients. He became a TV celebrity and opened several restaurants. In Olympe, one of the most pleasant houses in Rio, passed the knife to his son, Thomas Troisgros, who creates new treasures with nouvelle cousine *influences and makes father's classics.*

Segunda a sábado,
para almoço e jantar.
Monday to Saturday for lunch and dinner.

Rua Custódio Serrão, 62, Lagoa.
Tel.: +55 21 2539-4542
www.claudetroisgros.com.br

Oro

Restaurante • Contemporâneo • Novidade
Restaurant • Contemporary • New

É grande a curiosidade em relação à cozinha de vanguarda praticada pelo chef Felipe Bronze, superestrela da televisão. Sempre inovador, ele aproveita a mudança de endereço (antes, o Oro ficava no Jardim Botânico) para introduzir novas influências com ingredientes feitos na brasa. Há ainda boa carta de vinhos da sommelière argentina Cecilia Aldaz.

People are always curious about the avant-garde cuisine made by chef Felipe Bronze, television's superstar. Always innovative, he takes the change of address (Oro was located in Jardim Botânico) to introduce new influences with ingredients cooked on the grill. Attention to the good wine list made by beautiful Argentine sommelière Cecilia Aldaz.

Terça a sexta, para jantar.
Sábado, para almoço e jantar.
Tuesday to Friday, for dinner.
Saturday, for lunch and dinner.

Rua General San Martin, 889, Leblon.
Tel.: +55 21 2540-8768
www.ororestaurante.com.br

Puro

Restaurante • Contemporâneo
Restaurant • Contemporary

Aqui a proposta é servir pratos brasileiros com sotaque moderninho e discurso que promete "estimular a nossa memória afetiva". A crítica gastronômica gosta e a turma que acredita nela tem badalado o sobradão, numa esquina das mais charmosas. A varanda no 3º piso, projetada sobre o parque Jardim Botânico, é um dos melhores *spots* do lugar, que investe também nos vinhos biodinâmicos, produzidos no Sul.

Here the idea is to serve Brazilian dishes with trendy touches and the promise to "stimulate our affective memory". The gastronomic critics likes it and customers crowd the big house on one of the most charming corners of the city. The balcony on the 3rd floor, projected onto the Jardim Botânico park, is one of the best spots of the place, which also invests in biodynamic wines of the South.

Segunda a domingo, para almoço e jantar.
Daily, for lunch and dinner.

Rua Visconde de Carandaí, 43,
Jardim Botânico. Tel.: +55 21 3284-5377
www.purorestaurante.com.br

Restô

Restaurante • Variado
Restaurant • Varied

O chef Tande Bittencourt estudou na escola de gastronomia francesa Le Cordon Bleu e agora investe numa cozinha variada e mais autoral, num bistrô com decoração descontraída e acolhedora. A parte do cardápio chamada de Comidinhas traz pequenas versões de pratos. Entre os principais, o Fantasia de Pescador é um dos destaques da casa, com filezinhos de linguado grelhados, creme de curry, camarões VM, chutney de tomate, risoto de uvas com estragão e bisque de camarão.

Chef Tande Bittencourt starts at the french gastronomy school Le Cordon Bleu and now does a varied and autoral cuisine, in a bistrot with cousy and casual ambient.
The section of the menu called Comidinhas brings tiny versions of big recipes. For the main course, the Fantasia de Pescador (Fishermans's Fantasy) is the higlight of the house, with grilled filets of sole in light curry cream, big shrimps, tomato chutney, grape tarragon risotto with shrimp's sauce.

Segunda a domingo, para almoço e jantar.
Daily, for lunch and dinner.

Rua Joana Angélica, 184, Ipanema.
Tel.: +55 21 2287-0052
www.restoipanema.com.br

Ró

Restaurante • Contemporâneo • Vegano • Adega • Coquetel • Novidade
Restaurant • Contemporary • Vegan • Cellar • Cocktail • New

Primeira casa a trazer para o Rio o conceito da *raw food*, baseada no vegetarianismo crudívoro (sem uso de alimentos de origem animal nem processados), serve uma comida delicada, cheia de sabor. Cardápio enxuto, com pequenas e certeiras porções. O clima *cozy* fica por conta da bela casa de pé direito alto e parede de tijolos aparentes, mesas com taças finas e decoração sofisticada. Bons vinhos naturais e coquetelaria badalada.

First house to bring to Rio the raw food concept, based on uncooked vegetarianism (no use of food of animal origin or processed), the place serves delicate food, full of flavor. The menu is lean, with small but neat portions. The cozy atmosphere is due to the beautiful house with high ceilings and brick walls, tables with fine glasses and sophisticated decor. There is also good natural wines and a trendy drink list.

Segunda a sábado,
para almoço e jantar.
Monday to Saturday,
for lunch and dinner.

Rua Pacheco Leão, 102,
Jardim Botânico.
Tel.: + 55 21 3559-0102
www.ro-raw.com

Roberta Sudbrack

Restaurante • Contemporâneo
Restaurant • Contemporary

A chef Roberta Sudbrack tem importância fundamental e histórica para a nossa cozinha. Sempre inventiva, cria receitas com ingredientes brasileiros que são verdadeiras obras-primas. Todos os anos lança uma coleção gastronômica, baseada num único ingrediente. Em 2016 o eleito é a taioba. Graças à sua genialidade e grande sensibilidade, seus pratos emocionam e enchem de satisfação os privilegiados frequentadores.

Chef Roberta Sudbrack has a fundamental importance in the Brazilian cuisine. She is always inventing and creating recipes with Brazilian ingredients that are true masterpieces. Every year, the chef creates a gastronomic collection based on only one ingredient. This year the chosen one is taioba. Due to her geniality and great sensibility, dishes by Roberta Sudbrack give us great pleasure and satisfaction.

Terça a sábado, para jantar.
Sexta, também para almoço.
Tuesday to Saturday, for dinner.
Friday, also for lunch.

Av. Lineu de Paula Machado, 916,
Jardim Botânico. Tel.: + 55 21 3874-0139
www.robertasudbrack.com.br

Satyricon

Restaurante • Italiano • Frutos do mar • Adega
Restaurant • Italian • Seafood • Cellar

É o melhor restaurante de peixes do Rio! Mas não espere dele nenhuma pirotecnia culinária. O ponto alto é a matéria-prima, selecionada pela proprietária Marly Leopardi, viúva do Miro, criador do restaurante. Na entrada, um viveiro exibe lagostas, mexilhões, vôngoles e vieiras. Ao lado, sobre montanhas de gelo, estão os peixes para os clássicos pratos e ainda belos lagostins, que, fresquinhos, são grelhados à perfeição. Serviço atencioso e excelente carta de vinhos.

It is the best restaurant in Rio for fish! But don't expect any culinary fireworks. The high point here is the raw material, selected by owner Marly Leopardi, wife of the late Miro, who created the restaurant. In the entrance, a fish tank displays lobsters, mussels, scallops and clams. Right beside this, over mountains of ice, are the fish for the classic dishes like, or yet lovely crayfish, fresh, grilled to perfection. Considerate service and nice wine list.

Segunda a domingo,
para almoço e jantar.
Daily for lunch and dinner.

Rua Barão da Torre, 192,
Ipanema. Tel.: +55 21 2521-0627
www.satyricon.com.br

PEÇA MAIS QUE ÁGUA
PEÇA PRATA
desde 1876
Água Mineral Natural
PRATA®
DESDE 1876
Sem Gás
Fonte
Leve
Fonte
Leve
Conteúdo
300 mL
A **Águas Prata** tem orgulho de sua história, afinal, são 140 anos de trajetória levando ao consumidor brasileiro o que há de mais **puro** e **natural** no conceito de água mineral.
Águas Prata, tradição e qualidade desde 1876.
aguasprata.com.br
/aguaspratal tda
140 anos
PRATA

Rubaiyat Rio

Restaurante • Carne • Adega
Restaurant • Meat • Cellar

O Rubaiyat é uma superprodução. Nunca se investiu tanto num espaço gourmet. O resultado é magnífico. Grande, despojado, impressionante. Debruçado na pista do Jockey Club, dá a oportunidade de assistir às provas! Aqui, as carnes do gado de criação própria são servidas em cataplanas; os pescados, bem executados e a carta de vinhos, competente. No sábado e domigo... feijoada! Das boas.

Rubaiyat is a super production. Never before has anyone invested so much in a gourmet venue. The outcome is outstanding. Large, cool and impressive. It has a view to the Brazilian Jockey Club, so customers can watch the events. Here, there's meat from own livestock production, the fish with excellence execution and the competent list of wines. Saturday and Sunday... great feijoada!

Segunda a sábado, para almoço e jantar. Domingo, para almoço.
Monday to Saturday, for lunch and dinner. Sunday, for lunch.

Rua Jardim Botânico, 971, Jardim Botânico. Tel.: +55 21 3204-9999
www.rubaiyat.com.br

sohorestaurante.com.br

Soho desembarca na nova Marina da Glória

sohorio

sohoriorestaurante

Um dos mais conceituados restaurantes de culinária japonesa contemporânea acaba de desembarcar no Rio de Janeiro. O Soho lançou âncora na Marina da Glória, atraído pelo cenário de cartão-postal em uma área totalmente revitalizada e integrada ao Aterro do Flamengo.

Com projeto assinado pelo arquiteto Ivan Rezende, a nova casa ocupa 490 metros quadrados e oferece 183 lugares à mesa. O cardápio tem a marca do premiado chef Rafael Hidaka (ex Mee), dono de uma estrela no Guia Michelin.

Fundado em 1998, na capital baiana, o Soho incorpora o conceito de culinária **fusion**: combina o que há melhor da cozinha japonesa com outras variedades asiáticas. As entradas já prenunciam um cardápio requintado e criativo.

As opções incluem o **Scallop Ceviche** (vieiras canadense aquecida com manteiga de trufas), Gyoza de pato confitado (servido com molho hoisim) ou de porco com legumes.

Entre os pratos principais, destaque para o sushi vegano, o **Magurô Foie Gras** (atum selado servido com molho de missô spicy, gema de codorna e cebolinha branqueada) e o **Miruka Maki** (duo de salmão e camarão, geleia de rubras, cream cheese e molho teryaki).

A adega climatizada comporta 1.100 garrafas. Os rótulos são divididos pela variedade de uva, facilitando a escolha do cliente. De sobremesa, que tal provar o **Spicy Brownie**, o cheesecake de tofu ou então o crème brulée de capim limão?

SOHO Rio

Marina da Glória • Avenida Infante Dom Henrique s/n
Reservas: (21) **2237-9159** • atendimento@sohorio.com.br

Horário
Domingo à quarta-feira - 12h00 às 23h00
Quinta-feira à Sábado - 12h00 às 00h00

Tragga

Restaurante • Carne • Adega
Restaurant • Meat • Cellar

É um dos lugares com o ambiente e o cardápio das casas de carne de Buenos Aires, com direito a *parrillas* com *chinchulines* e *molejas*, preparadas à perfeição. E, claro, *chorizo*, *vacio*, *tapa de cuadril* e a especialidade da casa, o bife Tragga, uma capa de bife *ancho* com a gordura marmorizada. Com ambiente aconchegante e acolhedor, com muita madeira de demolição, serve ainda boas empanadas. A adega de respeito tem rótulos de todas as regiões da Argentina.

It is one of the places with the atmosphere and the menu of Buenos Aires' steak houses, including parillas *with* chinchulines *and* molejas *prepared to perfection. And of course,* chorizo, vacio, tapa de cuadril *and the house specialty, the Tragga steak, an* ancho *steak with marbled fat. The place, with elegant and cozy decoration, also serves good empanadas. The impressive wine cellar has labels from all regions of Argentina.*

Segunda a domingo, para almoço e jantar.
Daily, for lunch and dinner.

Rua Capitão Salomão, 74, Humaitá. Tel.: +55 21 3507-2235
www.tragga.com.br

Soho

Restaurante • Asiático • Novidade
Restaurant • Asian • New

Ele vem da orla de Salvador, onde se tornou um dos maiores sucessos da gastronomia na cena baiana. E agora aporta na Marina da Glória. A casa ampla, moderna e elegante, defronte à Baía de Guanabara, tem menu a cargo do chef Rafael Hidaka. Ex-Mee, o asiático mais falado do Rio, ele é um craque e mistura o Japão a outros sabores asiáticos em receitas como o atum selado com missô apimentado, gema de codorna e cebolinha.

From the coastline of Salvador, where it became one of the biggest hits of Bahian gastronomy, Soho spread throughout Brazil and landed at Marina da Glória. The large house, modern and elegant, has a view to Guanabara Bay and its menu was created by chef Rafael Hidaka. Ex-Mee, the most popular Asian restaurant in Rio, he is an ace who blends Japanese and other Asian flavors.

Segunda a domingo,
para almoço e jantar.
Daily, for lunch and dinner.

Marina da Gloria: Av. Infante Dom Henrique, sem número, loja 101, Centro.
Tel.: + 55 21 2237-9159
www.sohorestaurante.com.br

Sushi Leblon

Restaurante • Japonês • Para ver e ser visto
Restaurant • Japanese • To see and be seen

Um dos pioneiros na rua Dias Ferreira, o restaurante moderno e sofisticado recebe artistas e até astros internacionais, como Madonna. Se você não é uma estrela, resta ter paciência para encarar as longas filas na porta. No cardápio, sushis e sashimis tradicionais convivem bem com criações modernas, como o já muito copiado atum com foie gras, e peixes pouco conhecidos por aqui, introduzidos pelo premiado chef consultor Jun Sakamoto.

One of the first restaurants to open on Dias Ferreira street, this elegant and fancy restaurant is attended by local artists and even stars such as Madonna. If you are not a star, you will need to be patient to face the long lines at the door. On the menu, traditional sushi and sashimi shares space with modern creations, as the already very copied tuna with foie gras and fish hardly known in here, introduced by the prize-winning chef consultor Jun Sakamoto.

Segunda a domingo,
para almoço e jantar.
Daily, for lunch and dinner.

Rua Dias Ferreira, 256, Leblon.
Tel.: + 55 21 2512-7830
www.sushileblon.com

Zazá Bistrô

Restaurante • Asiático • Coquetel
Restaurant • Asian • Cocktail

Fica na casa mais *cool* e mais colorida do Rio. É um amontoado de referências que, juntas, funcionam. No segundo andar, o salão coberto com tapete faz com que todos tirem os sapatos, antes de se acomodarem nas mesinhas baixas. A luz difusa reforça o clima zen-romântico. Da cozinha, a comida *fusion* gera uma onda sensorial aos turistas que adoram o lugar e aos locais que não se importam de passar por turistas quando vêm para cá.

It is located in the coolest and most colorful house of Rio. It is a jumble of references that work well together. On the second floor, the room covered with carpet makes everyone take off their shoes before sitting at the low tables. Diffuse light enhances zen romantic mood. From the kitchen, the fusion food gives a certain sensory wave to tourists that love the place and to the local who do not to care to pass by tourists when they come here.

Segunda a quinta, para jantar.
Quarta a domingo, para almoço e jantar.
Monday and Tuesday, for dinner.
Wednesday to Sunday, for lunch and dinner.

Rua Joana Angélica, 40, Ipanema.
Tel.: + 55 21 2247-9101
www.zazabistro.com.br

T.T. Burger

Subastor

Confeitaria Colombo

Meza Bar

Bar Urca

Londra

Riba

Cervantes

Jeffrey Store

Bar Botero

Bar da Gema

Academia da Cachaça

Bar • Instituição carioca
Bar • Carioca institution

Há 31 anos, quando foi inaugurada, era apenas uma curiosidade. Hoje, é uma instituição de brasilidade no Rio. Não só pelos mais de 120 rótulos de cachaça que forram suas paredes, mas também pela carta de drinques à base da bebida (recentemente renovada pela mixologista Deise Novakoski) e pela gastronomia. O escondidinho de carne seca, *hit* nos anos 1990, até hoje é insuperável.

31 years ago, when it first opened, it was just a curiosity. Today it is a Brazilianness institution in Rio. Not only because of the more than 120 labels of cachaça lining its walls, but also due the menu of drinks based on the drink (recently renewed by the mixologist Deise Novakoski) and the food. The escondidinho – jerked beef covered by mashed potatoes –, hit in the 1990s, is still unsurpassed today.

Segunda a domingo,
para almoço e jantar.
Daily for lunch and dinner.

Rua Conde de Bernadotte, 26, Leblon.
Tel.: + 55 21 2239-1542.
www.academiadacachaca.com.br

Aconchego Carioca

Bar • Cerveja • Instituição Carioca
Bar • Beer • Carioca institution

Berço dos lendários bolinhos de feijoada e de outros quitutes que reinventaram o conceito de gastronomia popular carioca, a casa comandada pela chef Kátia Barbosa e sua filha Bianca transformou a Praça da Bandeira em polo gastronômico. A comida aqui é dos deuses, com pérolas como os camarões na moranga e o baião de dois. A carta de cervejas tem mais de 150 rótulos.

Birthplace of the legendary feijoada *croquette and other tidbits that have reinvented the concept of popular Rio's cuisine, the house run by chef Kátia Barbosa and her daughter Bianca transformed Praça da Bandeira into a restaurant row in Rio. The food here is from heaven with delicacies as the shrimp served in a pumpkin and the* baião de dois. *The beer list has over 150 labels.*

Terça a sábado, para almoço e jantar.
Domingo, para almoço.
Tuesday to Saturday, for lunch and dinner. Sunday, for lunch.

Rua Barão de Iguatemi, 379, Praça da Bandeira. Tel.: + 55 21 2273-1035
www.aconchegocarioca.com.br

Adega Pérola

Boteco • Instituição carioca
Boteco • Carioca institution

Muito antes de a palavra *tapas* surgir por aqui, este foi o primeiro boteco dedicado a elas do Rio, com um enorme balcão de vidro lotado de petiscos. Muitos deles surpreendentes para um botequim, como os alhos confitados, as ovas de peixe e os *rollmops*. O ambiente é de bar ibérico, alegremente desconfortável, com cadeiras pequenas diante de mesas comunitárias e espaços apertados, apinhados de gente, chope em punho. Para os iniciantes no prazer de frequentar botecos, este deveria ser o primeiro a ser visitado.

Long before the word tapas *came around, this was the first boteco dedicated to it in Rio, with a gigantic glass counter full of snacks. Many of them amazing for a boteco, such as the confit garlic, fish roe and the rollmops. The environment is of Iberian bar, cheerfully uncomfortable with small chairs in front of communal tables and tight spaces that are crowded with people, beer in hand. Those who are starting to learn what a good* boteco *is all about should visit this one first.*

Segunda a domingo,
para almoço e jantar.
Daily, for lunch and dinner.

Rua Siqueira Campos, 138,
Copacabana.
Tel.: + 55 21 2255-9425
Sem site. No website.

Astor

Bar • Paquera • Coquetel
Bar • Flirting • Cocktail

O bar agrada logo de cara pelo contraste da praia lá fora com a decoração art déco aqui dentro. Atrás do balcão, as imensas chopeiras congeladas chamam a atenção. Os coquetéis feitos com capricho também. Diariamente, do fim da tarde até a madrugada, a clientela lota as mesas do salão integrado com a varanda para consumir pratos de botequim, bem executados. O picadinho carioca faz sucesso.

The bar charms at the entrance by the contrast of the beach out there with the art-deco style inside. Behind the counter, the two huge draft beer sets draw attention. The cocktails carefully prepared do too. Every day, from late afternoon to late night, the clientele crowds tables in the lounge integrated with a balcony to enjoy great boteco food. The Carioca mincemeat is very popular.

Segunda a quinta, para jantar.
Sexta a domingo, para almoço e jantar.
Monday to Thursday, for dinner.
Friday to Sunday, for lunch and dinner.

Av. Vieira Souto, 110, Ipanema.
Tel.: + 55 21 2523-0085
www.barastor.com.br

Bar Botero

Boteco • Paquera
Boteco • Flirting

O cardápio do do Botero, no tradicionalíssimo Mercadinho São José das Artes, em Laranjeiras, segue a linha altamente calórica – digna de todo bom botequim – e não economiza em linguiças nem ovos, com destaque para a surpreendente carne de costela cozida por horas na cerveja. Sempre lotado, é a âncora de outros que se desenvolveram no mercadinho.

The menu of Botero, inside the very traditional Mercadinho São José das Artes, in Laranjeiras, follows the high-calorie line – worthy in any good boteco *– lots of sausages and eggs, highlight to the sandwich made with ribs prepared in beer for several hours. Always crowded, the bar is the most popular one among the other bars that opened inside Mercadinho.*

Segunda a sábado, para jantar.
Monday to Saturday, for dinner.

Rua das Laranjeiras, 90, Laranjeiras.
Tel.: + 55 21 3235-6314
Sem site. No website

Bar Brasil

Bar • Instituição carioca
Bar • Carioca institution

O *kassler* com chucrute e salada de batatas do Bar Brasil, ladeado por um dos chopes mais bem tirados da cidade, são uma espécie de cartão-postal gastronômico do bar mais antigo da Lapa e um dos mais antigos do Rio. É marcante o espírito de bar alemão, de pé-direito alto e imensos ventiladores no teto, assim como os garçons de gravata-borboleta. Na contramão da vizinhança, tem uma clientela mais madura e não funciona à noite nem aos domingos.

The kassler with sauerkraut and potato salad of Bar Brasil, accompained by one of the most well-drawn draft beer in town, are a kind of gastronomical hallmark of the oldest bar in Lapa and one of the oldest in Rio. The German atmosphere is very evident, with high ceilings and huge ceiling fans, as well as the waiters in bow ties. In the opposite way of it's neighbors, customers here are more mature, and the bar is not open at night or on Sundays.

Segunda a sábado, para almoço e happy hour.
Monday to Saturday, for lunch and happy hour.

Av. Mem de Sá, 90, Lapa.
Tel.: + 55 21 2509-5943.
Sem site. No website

Bar da Frente

Boteco • Cerveja
Boteco • Beer

Na frente do quê? Do famoso Aconchego Carioca. Em clima de casa de amigos, o bar começou como ponto de espera do vizinho, que vive lotado. Mas ganhou vida própria e apresenta, além de uma invejável carta de cervejas, o cardápio de petiscos mais criativo da cidade. Do croquete de estrogonofe com "molho" de batata palha ao premiado *harumaki* de costela de porco com requeijão (o "porquinho de quimono").

The name – Front Bar, translated – makes you wonder: in front of what? In front of famous Aconchego Carioca. In a friends' house atmosphere, the bar started as waiting point for the neighbor, which is always crowded. But it came to life and now offers, as well as an enviable beer list, the most creative tidbit menu in town. From the stroganoff croquette with "sauce" of potato chips to the awarded pork cutlet harumaki with cream cheese (the "pig in a kimono").

Terça a sábado, para almoço e jantar. Domingo, para almoço.
Tuesday to Saturday, for lunch and dinner. Sunday, for lunch.

Rua Barão de Iguatemi, 388, Praça da Bandeira. Tel.: +55 21 2502-0176. www.bardafrente.com.br

Bar da Gema

Boteco
Boteco

Um dos mais originais e premiados representantes da nova geração de botecos cariocas recria acepipes tradicionais em formatos caprichados. Aqui, carne de panela, jiló e coxinha de galinha são coisas muito sérias. São infalíveis a polentinha com rabada e o pastel de feijão gordo, que já virou um clássico apesar da pouca idade da casa, inaugurada em 2008.

One of the most creative and award-winning representatives of the new generation of botecos *in Rio recreates traditional delicacies in neat forms. Here, pot roast, scarlet eggplant and chicken* coxinha *are taken very seriously. Polenta with oxtail and the beans* pastel *are flawless. The latter has become a classic despite the young age of the house, opened in 2008.*

Terça a sexta, para jantar.
Sábado, para almoço e jantar.
Domingo, para almoço.
Tuesday to Friday, for dinner.
Saturday, for lunch and dinner.
Sunday, for lunch.

Rua Barão de Mesquita, 615, Tijuca. Tel.: +55 21 3549-0857
Sem site. No website.

Bar do Botto

Bar • Cerveja
Bar • Beer

Leonardo Botto, o pioneiro na produção de cervejas artesanais cariocas, abriu seu pub na região e mantém 20 torneiras de chope em atividade permanente. O tratamento dado à bebida entre os barris (armazenados numa imensa câmara refrigerada) e o serviço no balcão é primoroso. Os rótulos representam praticamente todas as principais escolas cervejeiras do mundo. O menu tem ótimos croquetes e hambúrgueres – com cerveja nos ingredientes.

Leonardo Botto, the pioneer in microbrewery in Rio, opened his pub in the region and maintains 20 draft beer taps in permanent activity. The treatment given to the drink between the barrels (stored in a huge cold room) and the counter service is exquisite. Labels represent every major brewery schools in the world. The menu has great burgers and croquettes – which are prepared with beer.

Segunda a sexta, para jantar. Sábado e domingo, para almoço e jantar.
Monday to Friday, for dinner. Saturday and Sunday, for lunch and dinner.

Rua Barão de Iguatemi, 205, Praça da Bandeira. Tel.: +55 21 3496-7407 www.bottobar.com.br

Bar do David

Boteco
Boteco

Filho de um ex-presidente da Associação dos Moradores do Morro do Chapéu Mangueira, no Leme, David Bispo é o dono do primeiro bar de favela a ganhar fama internacional. A pequena birosca inaugurada em 2010 na entrada do morro, que já recebeu a visita de embaixadores e atores de Hollywood, recentemente foi ampliada para abrigar o público crescente de turistas. Mas a feijoada de frutos do mar, carro-chefe da casa, não muda nunca. O bar é facilmente acessível de táxi ou moto-táxi.

Son of a former president of the Association of Chapéu Mangueira Hill Residents in Leme, David Bispo is the owner of the first slum bar to gain international fame. The small ramshackle bar opened in 2010 in the hill entrance, and it has served ambassadors and actors from Hollywood. It was recently expanded to accommodate the increasing number of tourist customers. But the seafood feijoada, the star of the house, never changes. The bar is easily accessible by taxi.

Terça a domingo, para almoço e jantar.
Tuesday to Sunday, for lunch and dinner.

Ladeira Ary Barroso, 66, loja 3 (Chapéu Mangueira), Leme.
Tel.: +55 21 7808-2200
Sem site. No website.

Bar do Mineiro

Bar • Paquera • Instituição carioca
Bar • Flirting • Carioca institution

A caprichada feijoada é a grande responsável pelas filas na calçada nos fins de semana. Mas o bar tem outros atributos. É um ótimo cenário para paquerar, com gente jovem e animada. Ao chegar ao local, abra o apetite com os pastéis, os bolinhos de feijão ou a porção de aipim frito com torresmo. Refresque-se com uma boa cerveja de garrafa ou com a caipirinha de limão, outra ótima pedida! Encerre com o doce de laranja com queijo.

Their great feijoada *is largely responsible for the queues on the sidewalk on weekends. But this bar has many other attributes. It's a great scenario to flirt, with young and lively people. Upon arriving at the place, open your appetite with* pastéis, *bean croquettes or the portion of fried cassava with pork rind. Cool off with the beer or with lemon* caipirinha, *a great choice. If there is any room left, finish the meal with the orange jam with cheese.*

Terça a domingo, para almoço e jantar.
Tuesday to Sunday, for lunch and dinner.

Rua Paschoal Carlos Magno, 99, Santa Teresa. Tel.: +55 21 2221-9227
www.bardomineiro.net

Bar do Momo

Boteco
Boteco

As mesas de plástico na calçada dobram a esquina nos dias movimentados. Motivo: aqui há gastronomia de botequim saborosa, cheia de criatividade e bom gosto. Antonio Carlos Laffargue, o Toninho, é o filho do dono e criador de pratos famosos como o bolinho de arroz recheado com linguiça e queijo e o "Farol de Milha", um portento de carne e ovo estrelado. Tudo regado a cerveja estupidamente gelada.

The plastic tables on the sidewalk go all across the corner in the bustling days. The reason: here they serve boteco *cuisine full of creativity and good taste. Antonio Carlos Laffargue, also known as Toninho, is the son of the owner and creator of famous dishes such as rice balls stuffed with sausage and cheese,* "Farol de Milha", *a delight prepared with meat and fried egg. All washed down with ice-cold beer.*

Segunda a sábado, para almoço e jantar.
Monday to Saturday, for lunch and dinner.

Rua General Espírito Santo Cardoso, 50, loja a, Tijuca.
Tel.: +55 21 2570-9389
Sem site. No website

Tradição com aroma agradável
e sabor único.
CACHAÇA
PINGA DO CATTTO
Destilaria Chico Andrade - Fazenda Guaritá - Rio das Flores - RJ

Bar Lagoa

Bar • Instituição carioca
Bar • Carioca institution

É um clássico da boemia da cidade. A eterna mística do mau atendimento, ao qual nem os antigos *habitués* estariam imunes, permanece presente no salão art déco, apesar de muita gente jurar que jamais foi mal atendido ali. O segredo da receita de salada de batatas é outro patrimônio, assim como o chope primoroso e algumas especialidades, como o *kassler* com chucrute e o *steak tartare*, que é preparado pelo garçom, na frente do freguês.

It is classic of bohemia in the city. The eternal mystique of poor service, which neither the old habitués would be immune to, remains present in the art-deco hall, although many people swear that they were never treated poorly there. The secret of potato salad recipe is another property, as well as the remarkable draft beer and some specialties such as kassler with sauerkraut and the steak tartare, which is prepared by the waiter in front of the customer.

Segunda a domingo, para almoço e jantar.
Daily, for lunch and dinner.

Av. Epitácio Pessoa, 1674, Lagoa.
Tel.: + 55 21 2523-1135
www.barlagoa.com.br

Bar Urca

Bar • Frutos do mar
Bar • Seafood

Há regras que os cariocas fazem questão de infringir. Uma delas está à beira da Baía de Guanabara, na mureta em frente ao Bar Urca. A transgressão é simples: o cliente vai ao balcão de esquina, empunha sua cerveja e equilibra suas empadas ou pastéis de camarão, mas não entra. Atravessa a rua e transforma a mureta em um ponto de encontro descolado ao cair da tarde ou, nos fins de semana, desde o fim da manhã. No salão do segundo andar, há comida portuguesa e frutos do mar.

There are rules that Cariocas *are keen to break. One of them is by Guanabara Bay, at the low wall in front of the Bar Urca. The transgression is simple: the customer goes to the corner counter, wields his beer and balances their* empanadas *or shrimp* pastéis, *but do not enter, cross the street and transforms the low wall in a cool hangout place for the evening or, on weekends, since noon. In the hall of the second floor, there is Portuguese cuisine and seafood.*

Segunda a domingo,
para almoço e jantar.
Daily, for lunch and dinner.

Rua Cândido Gafrée, 205, Urca.
Tel.: +55 21 2295-8744
www.barurca.com.br

Birreria Escondido

Restaurante • Italiano
Restaurant • Italian

Ambiente ao estilo dos bares americanos e gastronomia focada num binômio que os ianques adoram: pizza e cerveja. Aqui, uma ótima pizza feita com ingredientes selecionados pelo pizzaiolo Agaciano Brito, que já assou inúmeras redondas na Bráz, uma das pizzarias mais premiadas da cidade. Para acompanhá-las há 16 torneiras com cervejas artesanais, tiradas à perfeição por um sistema de barris inovador, que dispensa serpentina. Há petiscos de primeira também, como a IPA Fries (batata rústica marinada por oito horas na cerveja, servida com ketchup caseiro).

The style of the place is inspired in American bars and the cuisine is focused on a duet loved by the Yanks: pizza and beer. Here, the great pizza, made with selected ingredients by Agaciano Brito, a pizza chef that has already cooked countless doughs at Bráz, the most awarded pizza restaurant in Rio. In order to be enjoyed with the pizzas, there are 16 taps with crafted beers, perfectly served. There are also top notch appetizers, as IPA Fries (rustic potatoes marinated for eight hours in beer, served with homemade catchup).

Terça a domingo, para jantar.
Tuesday to Sunday, for dinner.

Rua Voluntários da Pátria, 53, Botafogo.
Tel.: +55 21 3489-9989
Sem site. No website

Cervantes

Bar • Instituição carioca • Após meia-noite
Bar • Carioca institution • After midnight

Outro ícone da madrugada carioca, notabilizou-se nos anos 1990 pelo chope bem tirado e pelos sanduíches fartos e saborosos, com um inigualável pão de leite de fabricação própria. No recheio, as receitas de filé, patê ou salsichão acompanhados de uma fatia de abacaxi fresco e maduríssimo viraram febre na cidade. Hoje, o bar anda um pouco menos badalado, mas mantém a qualidade para numerosos e fiéis clientes que se revezam noite adentro.

Another icon of the Carioca *nightlife, this bar became famous in the 90s because of the well-drawn draft beer and the tasty and hearty sandwiches, with unparalleled house made milk bread. In the sandwich filling, the recipes of steak, pate or sausage accompanied by a slice of fresh pineapple, became a fever in the city. Today, the bar is a little less trendy, but it maintains the quality for the numerous loyal customers who take turns throughout the nights.*

Terça a domingo, para almoço e jantar.
Tuesday to Sunday, for lunch and dinner.

Rua Barata Ribeiro, 7b, Copacabana.
Tel.: + 55 21 2542-9287
www.restaurantecervantes.com.br

Charleston Bubble

Bar • Champanhe
Bar • Champagne

A decoração caprichada que remete aos anos 1920 deixa o ambiente muito aconchegante e gostosíssimo para mergulhar no cardápio de champanhes da casa, com mais de 100 rótulos. Quer algo mais usual? Há inúmeros drinques, além do chope bem tirado, para acompanhar uma vasta seleção de petiscos e pratos. Para melhorar, nas noites de quinta a sábado, há blues e jazz ao vivo e performances com dançarinas de charleston o que deixa o clima festivo do lugar ainda mais animado.

The nice decoration that takes us back to the 20´s, results in a very cozy and comfortable place, perfect for enjoying the champagne menu of the house, with more than 100 labels. Are you in the mood for something more usual? There are many drinks, in addition to the very well served draught beer, to be enjoyed with a wide selection of appetizers and dishes. To make it even better, from Thursday to Saturday nights there are blues and jazz live concerts and Charleston dancers' performances, making the festive atmosphere of the place even livelier.

Segunda a domingo, para jantar.
Daily, for dinner.

Rua Rodolfo Dantas, 16, loja b, Copacabana.
Tel.: +55 21 3795-3158
www.charlestonlounge.com.br

Chico e Alaíde

Boteco • Instituição carioca
Boteco • Carioca institution

O nome do bar remete aos donos, que um dia fizeram fama como "o" garçom e "a" cozinheira do botequim Bracarense. Com tanto sucesso, criaram asas e voaram rumo ao seu negócio próprio. E seguem no alto. Aqui há 40 tipos de petiscos, alguns magistrais, como o choquinho de camarão. Com varandão lançado na calçada sempre lotado aos finais de semana, o bar jamais descuida do chope, um dos mais bem tirados do Rio.

The name refers to the bar owners, who once made fame as "the" waiter and "the" cook chef of another famous boteco, Bracarense. With so much success, they decided to grow wings and open their own business. And they are still on top. The place has 40 kinds of snacks, some masterful, like the shrimp choquinho. With its balcony on the sidewalk always crowded on weekends from mid-afternoon until dawn, the bar never neglects the draft beer, one of the most well-drawn in Rio.

Segunda a domingo, para almoço e jantar.
Daily, for lunch and dinner.

Rua Dias Ferreira, 679, loja b, Leblon.
Tel.: +55 21 2512-0028
www.chicoealaide.com.br

El Gordo

Bar • Adega
Bar • Cellar

O nome remete à Espanha, mas a casa é portuguesa, com matriz em Lisboa. Num ambiente forrado por flâmulas e fotos de futebol, os craques do El Gordo, dos figuraças Nuno e Salvador Almeida, são as *tapas*. Mais de 90 opções muito benfeitas, à base de favas, chorizos, açordas, presuntos Pata Negra e outros embutidos. Vinhos? Mais de 200, todos da Terrinha.

The name sounds Spanish, but this is a Portuguese house, which started in Lisbon. Surrounded by streamers and soccer photos, the stars of El Gordo, owned by Nuno and Salvador Almeida, are the tapas. *More than 90 great options, prepared with beans, chorizos, açordas, Pata Negra ham and other meats. Wines? More than 200, all from Terrinha, as Portugal is known by Brazilians.*

Terça a sábado, para jantar. Domingo, para almoço e jantar.
Tuesday to Saturday, for dinner. Sunday, for lunch and dinner.

Av. General San Martin, 1.219, Leblon.
Tel.: + 55 21 3079-9581.

Esch Café

Bar • Charutos • Para ver e ser visto
Bar • Cigar • To see and be seen

Templo carioca de *los puros*, o Esch Café conta com uma clientela fidelíssima de amantes dos charutos cubanos, uísques raros, conhaques nobres, *brandies* especiais e coisas boas da vida em geral. A casa tem um público eclético de artistas, jornalistas, empresários e muitos advogados, juízes e desembargadores. Começou como um antigo bar, no Centro da cidade, num estilo tão inglês quanto o bigode bem talhado de um de seus fundadores, Edgar Esch. Essa calçada reviveu a antiga tradição do *footing*. Se a Rua Dias Ferreira fosse um país, o Esch seria sua capital.

Carioca *temple of* Los Puros*, the Esch Café has a very faithful clientele formed by lovers of Cuban cigars, rare whiskeys, noble cognacs, brandies and other special good things in life. The house has an eclectic group of customers: artists, journalists, businessmen and many laywers, judges and Associate Justices. It started as English as the shapely mustache of one of its founders, Edgar Esch. This place has revived the old footing tradition. If Dias Ferreira street were a country, Esch would be its main city.*

Segunda a domingo,
para almoço e jantar.
Daily, for lunch and dinner.

Rua Dias Ferreira, 78, loja a, Leblon.
Tel.: +55 21 2512-5651
www.esch.com.br

Jeffrey Store

Bar • Cerveja • Novidade
Bar • Beer • New

Ao visitante de primeira viagem, a principal atração são os barris de fermentação à mostra no pequeno laboratório cervejeiro, num mezanino nos fundos do salão. Mas os encantos desta loja-conceito da badalada cervejaria carioca Jeffrey não param por aí. Aberta para degustações, exposições artísticas e eventos musicais regulares, a loja vende os rótulos da marca e também funciona como um pequeno polo cultural e gastronômico (apesar de não servir comida regularmente).

First-time customers' attention is drawn by the fermentation barrels displayed in the small brewer laboratory, on a mezzanine in the back of the hall. But there is much more charm to this concept store of trendy Carioca Jeffrey brewery. Open for tastings, art exhibitions and regular music events, the shop sells its own-brand beers and also works as a small cultural and gastronomic center (although not serving food regularly).

Segunda a sexta,
para almoço e happy hour.
Monday to Friday, for lunch and happy hour.

Rua Tubira, 8, loja c, Leblon.
Tel.: +55 21 2274-0000
www.jeffrey.com.br/store

Jobi

Boteco • Instituição carioca • Após meia-noite
Boteco • Carioca institution • After midnight

Talvez seja o bar carioca mais famoso fora do Rio. Referência do Leblon, da carioquice e da madrugada, a varandinha de madeira com mesinhas cobertas com toalha xadrez está sempre lotada – superlotada nas madrugadas de sexta e sábado. Aqui, turistas se sentem cariocas, e cariocas se sentem em casa, com muito chope, pastéis, empadas, porções de pernil e patinhas de caranguejo. Nada espetacular, mas tudo muito bom e farto.

Perhaps this is the most famous bar outside Rio. A symbol of Leblon, the Carioca *style and nightlife, the small wooden balcony with tables covered by checkered tablecloth is always crowded – over crowded late night Fridays and Saturdays. Here, tourists feel* Carioca, *and* Carioca *feel at home with lots of beer, pastéis, empadas, gammon portions and crab legs. Nothing there is spectacular, but all very good and filling.*

Diariamente, para almoço e jantar.
Daily, for lunch and dinner.

Av. Ataulfo de Paiva, 1.166 b, Leblon.
Tel.: +55 21 2274-0547
Sem site. No website

muito mais
BRASILEIRA

Galeto Sat's

Boteco • Cachaça • Após meia-noite
Boteco • Cachaça • After midnight

Escolher entre os molhos de limão, alho ou laranja – ou ainda um que mistura os três – é diversão garantida para quem experimenta o tenro franguinho na brasa daqui. Some a isso a simpatia dos donos - o casal Sérgio e Elaine e seus filhos Raoni e Rafaela -, uma carta de cachaças com mais de 120 rótulos e a rara vocação do lugar para manter-se aberto até quase de manhã. O velho bar de Copa – que desde agosto conta também com uma filial em Botafogo, maior e mais confortável – cada vez mais se credencia como referência na boemia carioca. Às sextas-feiras, tem fila na porta às três da manhã!

Choosing among the lemon, garlic or orange sauce – or one that mixes the three – means having fun and enjoying flavors to those who try the tender grilled chicken in Galeto Sat's. Add to that the friendliness of the owners – the couple Sérgio and Elaine and their sons Raoni and Rafaela –, the list of cachaça with more than 120 labels and the rare vocation of the place to remain open until dawn. The old Copacabana bar – now with a bigger and more comfortable branch in Botafogo neighbourhood – increasingly proves being a reference of Carioca *bohemia. On Fridays, queue at the door at three in the morning!*

Segunda a domingo, para almoço e jantar.
Daily, for lunch and dinner.

Rua Barata Ribeiro, 7d, Copacabana.
Tel.: + 55 21 2275-6197. Sem site. No website

Londra

Bar • Paquera • Coquetel • Após meia-noite
Bar • Flirting • Cocktail • After midnight

O bar em si é o mais bonito da cidade. A união do estilão italiano com ambientação inglesa faz da casa, decorada com duas "Union Jack" (a bandeira do Reino Unido) pintadas nas cores da Itália, um *must* em criatividade. O lugar é famoso não só pelos certeiros sets musicais, mas também por ser um dos cantos mais animados do Rio. O fato de estar dentro do Hotel Fasano, contrastando com sua sofisticação e ao lado de um dos restaurantes mais tradicionais da cidade, dá um mix interessante.

The union of the Italian style with the English ambience makes the house a must in sophistication. The place is famous not only for the great music sets, but also being one of the coolest places in Rio. The fact that it is located inside Fasano Hotel and next to one of the most traditional restaurants in the city is quite interesting as well.

Segunda a sábado, para jantar.
Monday to Saturday, for dinner.

Hotel Fasano:
Av. Vieira Souto, 80,
Ipanema. Tel.: + 55 21 3202-4000.
www.fasano.com.br

Meza Bar

Bar • Coquetel
Bar • Cocktail

A drinqueria (se é que existe essa palavra) que foi símbolo da renovação da noite carioca hoje segue com a alta qualidade de suas criações, sempre assinadas por mixologistas renomados. Tratar frutas e temperos brasileiros com respeito é marca da casa de decoração retrô e ares contemporâneos, onde pratos e petiscos são renovados periodicamente, para deleite do público descolado e fiel. Com uma trilha sonora *cool*, o Meza costuma se animar à medida que a noite avança.

The drink bar which was a symbol of the renewal of the Carioca nightlife keeps maintaining the high quality of its creations, always signed by renowned mixologists. Treating Brazilian fruit and spices with respect is a hallmark of this house with retro decor and contemporary vibe, where dishes and tidbit are renewed periodically, to please its loyal customers. With a cool soundtrack, Meza usually tends to get cheerful late at night.

Segunda a sexta, para jantar.
Sábado e domingo, para almoço e jantar.
Monday to Friday, for dinner
Saturday and Sunday, for lunch and dinner.

Rua Capitão Salomão, 69, Botafogo.
Tel.: +55 21 3239-1951
www.mezabar.com.br

Pub Escondido, CA

Bar • Cerveja • Hambúguer • Após meia-noite
Bar • Beer • Hamburger • After midnight

Um templo para os amantes de cervejas e hambúrgueres. Batizado em homenagem à cidade de Escondido, na Califórnia, onde se fabricam grandes cervejas, o bar ostenta uma admirável bateria de 27 torneiras, diretamente conectadas a barris refrigerados e de diferentes procedências e estilos. Os hambúrgueres vêm em 16 opções, alguns tão altos que só comendo de garfo e faca. A clientela é descolada, mas sem afetações.

A temple for beers and burgers lovers. Named after the city of Escondido, California, where they produce great beers, the bar boasts an admirable list of 27 taps directly connected to refrigerated barrels with beers of different styles and places. The burgers come in 16 different options, some so tall that you will need a fork and a knife. The clientele is alternative, but not overly.

Terça a domingo, para jantar.
Tuesday to Sunday, for dinner.

Rua Aires de Saldanha, 98 a, Copacabana.
Tel.: +55 21 2522-9800
www.pubescondidoca.com

Qui Qui

Quiosque • Para ver e ser visto • Novidade
Kiosk • To see and be seen • New

Na praia de São Conrado, o Qui Qui serve pratos para compartilhar em uma deliciosa experiência à beira-mar. Prove o polvo com batatinhas e aioli de páprica ou os cubinhos de atum com chantilly de wasabi! O quiosque dos empresários Rick Amaral, Daniela Maia e Paula Ibarra traz ainda uma delicada seleção de vinhos brancos, rosês e espumantes geladinhos e servidos *comme il faut*, com ares de bar de Mikonos e Ibiza. O quiosque abriu em agosto de 2016 e o sucesso foi imediato, com uma frequência bonita e sofisticada.

At the São Conrado Beach, Qui Qui serves dishes to share in a delicious sea shore experience. Try the octopus served with tiny potatos and mayonnese with garlic and papika or the tuna fish with wasabi chantilly! The kiosk of the owners Rick Amaral, Daniela Maia and Paula Ibarra also brings a delicated selection of chilled white, rosés and sparkling wines, like some bars in Mikonos or Ibiza. The place was open in August'16 and made a immediate sucess with a sofisticated and beautiful audience.

Quarta e quinta, para happy hour e jantar;
de sexta a domingo, para almoço e jantar.
Wednesday and Thursday, to happy hour and dinner;
From Friday to Sunday, for lunch and dinner.

Avenida Prefeito Mendes de Morais, S/N,
em frente ao número 900 (in front of number 900), São Conrado.
Sem site. No website

Qui Qui
Qui Qui
BOAS FESTAS

Riba

Bar • Cerveja • Paquera • Novidade
Bar • Beer • Flirting • New

O belo balcão de azulejos coloridos lembra um botequim – um botequim dos mais elegantes, numa das esquinas mais charmosas do Leblon. O cardápio aposta em porções interessantes, como os croquetes de costela e as linguiças de pernil com chutney de pera. Os sanduíches são feitos com pão de fabricação própria. Nas mesinhas altas, o chope, também artesanal, corre solto.

The beautiful counter of colored tiles resembles a boteco *– a very elegant* boteco, *in one of the most charming corners of Leblon. The menu offers on interesting portions, such as rib croquettes and gammon sausages with pear chutney. The sandwiches are made with homemade bread. In the high tables, the draft beer, also handmade, runs rampant.*

Terça a quinta, para jantar.
Sexta a domingo, para almoço e jantar.
Tuesday to Thursday, for dinner.
Friday to Sunday, for lunch and dinner.

Rua General Urquiza, 188 a, Leblon.
Tel.: +55 21 2051-7870
www.ribabotecagem.com.br

Rio Scenarium e Santo Scenarium

Bar
Bar

Num imenso sobrado na Lapa, o Rio Scenarium foi eleito pelo jornal *The Guardian* um dos dez melhores bares do mundo. Tudo graças à audaciosa decoração, com centenas de obras de arte e antiguidades, e à excelente programação musical. Há que se ter cuidado com as filas, sempre imensas. No Santo Scenarium, todas as peças (à venda) que compõem o ambiente fascinante são de arte sacra. Aqui reina o jazz, o samba fica para seu irmão maior.

Inside a huge two-story house in Lapa, Rio Scenarium was elected by The Guardian one of the top ten bars in the world. All thanks to the bold decor, which includes hundreds of art pieces and antiques, and to the music shows. Be prepared for the queue, immense. At Santo Scenarium all the pieces of the fascinating environment, for sale, are of religious art. The music here is jazz; samba is played in the larger sister-house.

Terça a sábado, para jantar.
Terça a sábado, para almoço e jantar.
Tuesday to Saturday, for dinner. Tuesday to Saturday, for lunch and dinner.

Rua do Lavradio, 20 e 36, Lapa.
Tel.: +55 21 3147-9000
www.rioscenarium.art.br
www.santoscenarium.com.br

Subastor

Bar • Coquetel • Novidade
Bar • Cocktail • New

Os sofás de couro vermelho e o grande balcão de alabastro prendem a atenção de quem adentra o salão do cocktail bar, em um espaço reservado do Astor. A casa serve 20 drinques assinados pelo talentoso mixologista Fabio La Pietra. Metade é exclusividade daqui; a outra vem da matriz paulistana. Não há cerveja, os canapés são clássicos e o ambiente, exclusivíssimo, com apenas 35 lugares.

The red leather sofas and huge alabaster counter hold the attention of anyone who enters the cocktail bar lounge, in a space attached to Astor. The house serves 20 drinks signed by talented mixologist Fabio La Pietra. Half is exclusive of Rio Astor; the other drinks comes from São Paulo's parent restaurant. There is no beer, tidbits are classic and the place is very exclusive, with only 35 seats.

Terça a sábado, para jantar.
Tuesday to Saturday, for dinner.

Av. Vieira Souto, 110, Ipanema.
Tel.: +55 21 2523-0085
www.subastor.com.br

La Bicyclette

Café • Café da manhã
Cafe • Breakfast

É agradável a atmosfera campestre da casa. E as comidinhas também são uma delícia. Da cozinha, saem cinco fornadas diárias de pães artesanais assados na pedra. Há também massas integrais e sanduíches. Para um café da manhã especial, peça o da casa, com cesta de pães variados, manteiga, geleias artesanais, ricota, frutas da estação e iogurte com granola.

It is the pleasant country atmosphere of the house, right there, close to the Jardim Botânico park. But delicacies are also a delight. From the kitchen comes out five daily batches of artisan breads baked in stone. There is also wholemeal pasta and sandwiches. For a super special breakfast, order the house one, which comes with croissant, basket of assorted breads, butter, handmade jams, ricotta, seasonal fruit and yogurt with granola.

Segunda a sexta, das 8h30 às 21h.
Sábados e domingos, das 8h30 às 20h.
Monday to Friday, 8:30 am – 9 pm.
Saturday and Sunday, 8:30 am – 8 pm.

Rua Pacheco Leão, 320, loja d,
Jardim Botânico. Tel.: + 55 21 3256-9052
www.labicyclette.com.br

Confeitaria Colombo

Café • Francês • Instituição carioca
Cafe • French • Carioca Institution

O ambiente art nouveau, os vitrais e os espelhos belgas inteiramente preservados nos conduzem à Belle Époque, num dos cafés mais belos do mundo. No esplendor do lugar centenário, delicie-se com um clássico da casa, a coxa-creme, a versão mais glamorosa da coxinha de galinha. Ainda há os sanduichinhos de pão de miga e o camarão empanado, que já inspiraram de Olavo Bilac a Heitor Villa-Lobos.

The art nouveau ambience, the stained glass windows and the Belgian mirrors take us to the Belle Époque, in one of the finest coffee shops in the world. At the splendor of the centenary place, indulge yourself in a classic of the house, coxa-creme, *a more glamorous version of chicken* coxinha. *There are sandwiches with miga bread and battered shrimp, which have inspired from Olavo Bilac to Heitor Villa-Lobos.*

Segunda a sexta das 9h às 19h30.
Sábado das 9h às 19h.
Monday to Friday, 9 am – 7:30 pm.
Saturday, 9 am – 7 pm.

Rua Gonçalves Dias, 32, Centro.
Tel.: + 55 21 2505-1500
www.confeitariacolombo.com.br

Empório Jardim

Café • Café da manhã • Doce e confeitaria
Cafe • Breakfast • Sweet and pastry

Se a pegada do dia é se aconchegar num ambiente charmoso, acolhedor e cheio de espírito, esta casa é o destino que você deseja. Misto de bistrô e boulangerie, tem um bom cardápio de sanduíches, saladas e pratos variados superconfortáveis, preparados com ingredientes de primeira. Mas, atenção: se o que você quer mesmo é se deleitar com o que esta casa tem de ainda melhor, opte sem dó pelo café da manhã. Servido o dia inteiro (sim!), é farto e refinado.

If you are willing to snuggle in a charming, cozy and full of spirit place, this is your destination. Mix of bistro and boulangerie, they have a good menu of sandwiches, salads and super-comfortable varied dishes prepared with prime ingredients. But beware: if you want to enjoy the very best of this house, order breakfast. Served all day (oh yes!), it is hearty and refined.

Segunda a domingo, das 8h às 22h.
Daily, 8 am – 10 pm.

Rua Visconde da Graça, 51,
Jardim Botânico. Tel.: +55 21 2535-9862
www.emporiojardimrio.com.br

Da Roberta

Sanduíche • Para ver e ser visto
Sandwich • To see and be seen

A estrelada chef Roberta Sudbrack aproveitou um espaço que já foi borracharia e montou um templo no qual serve sanduíches espetaculares. O mais pedido é o já consagrado suddog, com salsicha levemente picante. O pastrami artesanal que surge entre as fatias de pão faz sonhar. A mistura de *aioli* de urucum e rapadura no delicioso *brisket* traduz o espírito ousado de uma comida de garagem que você vai querer repetir.

Famous chef Roberta Sudbrack redesigned a space that once was a tire shop into a temple where she now serves stunning sandwiches. The most popular one is the suddog, with slightly spicy sausage. The handmade pastrami inside the sandwich is to die for. The mixture of aioli annatto and rapadura in the delicious brisket translates the bold spirit of a garage food you will desire to eat again.

Terça a domingo, das 12h às 22h.
Tuesday to Sunday, 12 pm – 10 pm.

Rua Tubira, 8, loja a, Leblon.
Tel.: +55 21 2239-1103
Sem site. No website.

Mil Frutas

Sorveteria
Ice Cream

Na rua mais sofisticada de Ipanema, os sabores de fruta fazem grande sucesso. Nos dias quentes (que por aqui ocorrem quase todo o ano!) vale apostar nos refrescantes framboesa com limão, jabuticaba e abacaxi com hortelã. O tradicional figo verde com mascarpone continua a liderar a ala mais sofisticada do menu. Além dos *sorbets* e de sorvetes em versões cremosas, *light* e alcoólicas, esta unidade, mais ampla, serve também tortas e café.

On the most fancy street in Ipanema, fruit flavors are really popular. In hot days (which here happen almost all year!) try refreshing options like raspberry with lemon, jabuticaba and pineapple with mint. The green fig with mascarpone one is still the most popular one among the sophisticated flavors. In addition to the sorbets and creamy ice creams, light and alcoholic versions, this branch, bigger, also serves pastries and coffee.

Segunda a quinta, das 10h às 23h. sexta, das 10h à 0h. Sábado e domingo, das 9h30 à 0h.
Monday to Thursday, 10 am – 11 pm. friday, 10 am – 12 am. Saturday and Sunday, 9:30 am – 12 am.

Rua Garcia d'Avila, 134, Ipanema.
Tel.: +55 21 2521.1384
www.milfrutas.com.br

T. T. Burger

Hambúrguer
Hamburger

Em três anos, a rede do chef Thomas Troisgros chegou a três bairros da cidade. A unidade Leblon, com atmosfera aconchegante, segue a vocação de point de badalação até a madrugada. O astro da casa é o T. T. Burger, com 180 gramas de carne, queijo meia cura, tomate, alface romana, picles de chuchu e pão de batata-doce artesanal, que pode ganhar ingredientes extras. A novidade do ano é o hambúrguer de *shiitake*.

In three years, the chain of chef Thomas Troisgros reached three neighborhoods in the city. Leblon's one, with cozy atmosphere, follows the calling of party place until dawn. The star of the house is T. T. Burger, with 180 grams of meat, cheese half cure, tomato, romaine lettuce, pickled chayote and handmade sweet potato bread – and you can add extra ingredients. The novelty of the year is the shiitake *burger.*

Segunda a domingo, para almoço e jantar.
Daily, for lunch and dinner.

Av. Ataulfo de Paiva, 1.240, Leblon.
Tel.: +55 21 96458-8678
www.reservattburger.com.br

Talho Capixaba

Café • Café da manhã • Deli
Cafe • Breakfast • Deli

É uma referência da cidade. Depois que o filho do português Alberto Abrantes voltou da Europa, especialista em pães, o açougue (talho, em Portugal) cresceu. Aí vieram os frios, as empadinhas, as pastas, os sanduíches, as comidinhas... Eis o resultado: a mais carioca das delicatéssens! Nas mesas da calçada, dá para acompanhar o entra e sai do que há de mais representativo no Leblon. Tomar café da manhã por aqui é um *hit* de fim de semana.

It is a reference in the city. After the son of Portuguese Alberto Abrantes returned from Europe as a specialist in bread, the business grew. And then came the cold meats, empadinhas, pastes, sandwiches... Here is the result: the most Carioca *of delicatessens! From the crowded sidewalk tables, it's possible to watch the in and out of what (and who) is most representative in Leblon. Having breakfast here is a weekend hit.*

Segunda a domingo, das 7h às 22h.
Daily, for lunch and dinner.

Av. Ataulfo de Paiva, 1.022, lojas a e b, Leblon.
Tel.: + 55 21 2512-8760
www.talhocapixaba.com.br

Av. Infante Dom Henrique s/n Glória - Aterro do Flamengo
www.marinadagloria.com.br Tel.: (21) 2555-2200

www.instagram.com/brmarinas www.facebook.com/marinadagloriaoficial

A Cidade do Rio de Janeiro fica ainda mais bonita de dentro da Marina da Glória. São cinco restaurantes, incluindo Corrientes 348, Empório Celidônio, SOHO, Maruru e Na Marina. A Marina conta também com escola de vela, charter de barcos e muito mais. Tudo para oferecer a você e a sua família as melhores opções de gastronomia e lazer. Venha conhecer a Marina da Glória, o novo ponto de encontro dos cariocas e turistas.

- CORRIENTES 348 - A autêntica parrilla argentina e outros cortes nobres dão sabor especial em um ambiente agradável e informal, no melhor estilo porteño.
- SOHO -Um dos mais conceituados restaurantes de culinária japonesa contemporânea, combina o que há melhor da cozinha japonesa com outras variedades asiáticas.
- MARURU DELICATESSEN - As pizzas ganham um sabor especial acompanhadas de um visual deslubrante na Marina da Glória. Com muitas delícias, como pães, bolos, frios, lasanhas e bebidas finas, a Maruru vai surpreender seu paladar.
- EMPÓRIO CELIDÔNIO - O melhor da culinária contemporânea com a sofisticação dos grandes Chefs.
- NA MARINA - Um restaurante a kilo com diversas opções para os mais variados gostos.

BR MARINAS
RIO
MARINA DA GLÓRIA

Shin Koike

Gattopardo

Filho d'Mãe

Boteco do Amaral

Bistrot Lapeyre

Fotos: Bruno de Lima / Tagme

"O Vogue Gourmet é a nova Dias Ferreira na Barra!"
- Restaurantes projetados por arquitetos renomados com assinatura da Casa Cor Rio
- Área externa desenhada por conceituados paisagistas
- O melhor da culinária com a leveza carioca
- O clube **privé** mais **in** da cidade
Ricardo Amaral - Curador
Conheça mais em: www.calcada.com.br/vogue/
Realização:
CULINÁRIA Carioca
VOGUE SQUARE
Av. das Américas, 8585 Barra da Tijuca, Rio de Janeiro - RJ
(21) 4042 3709

VIZINHO
GASTROBAR
O novo spot etílico da cidade, com ambiente descolado, balcão elegante e alta coquetelaria.
Com uma vasta carta de coquetéis, a Mixologista Jéssica Sanchez explora sabores e texturas, trazendo novas experiências através de ingredientes exclusivos.
PROJETO DE
PAULA NEDER
CASACOR
RIO DE JANEIRO
Realização:
CULINÁRIA
Carioca
Av. das Américas, 8585
Barra da Tijuca, Rio de Janeiro - RJ
(21) 3030 0272
VOGUE SQUARE

CANDICE CIGAR CO.
O BAR DOS PUROS DE THIAGO LACERDA
PROJETO DE
DUDA PORTO
CASACOR
RIO DE JANEIRO
WWW.CANDICECIGARCO.COM.BR
FOTO: PAULO PEIXOTO / BRUTAL AGENCY
Realização:
CULINÁRIA Carioca
Av. das Américas, 8585
Barra da Tijuca, Rio de Janeiro - RJ
(21) 3030 5215
VOGUE SQUARE

UM NOVO
CONCEITO DE
Clube
Exclusivo...
PROJETO DE
PAOLA RIBEIRO
CASACOR
RIO DE JANEIRO
Realização:
CULINÁRIA
Carioca
Av. das Américas, 8585
Barra da Tijuca, Rio de Janeiro - RJ
(21) 3030 9097
VOGUE SQUARE

GATTO PARDO
TRATTORIA & PIZZARIA
A TRADIÇÃO CARIOCA
COM O GOSTO DA ITÁLIA
AS MELHORES PIZZAS DO RIO
www.gattopardo.com.br
PROJETO DE
ERICK FIGUEIRA DE MELLO
CASACOR
RIO DE JANEIRO
Realização:
CULINÁRIA Carioca
Av. das Américas, 8585
Barra da Tijuca, Rio de Janeiro - RJ
(21) 3030 9498
VOGUE SQUARE

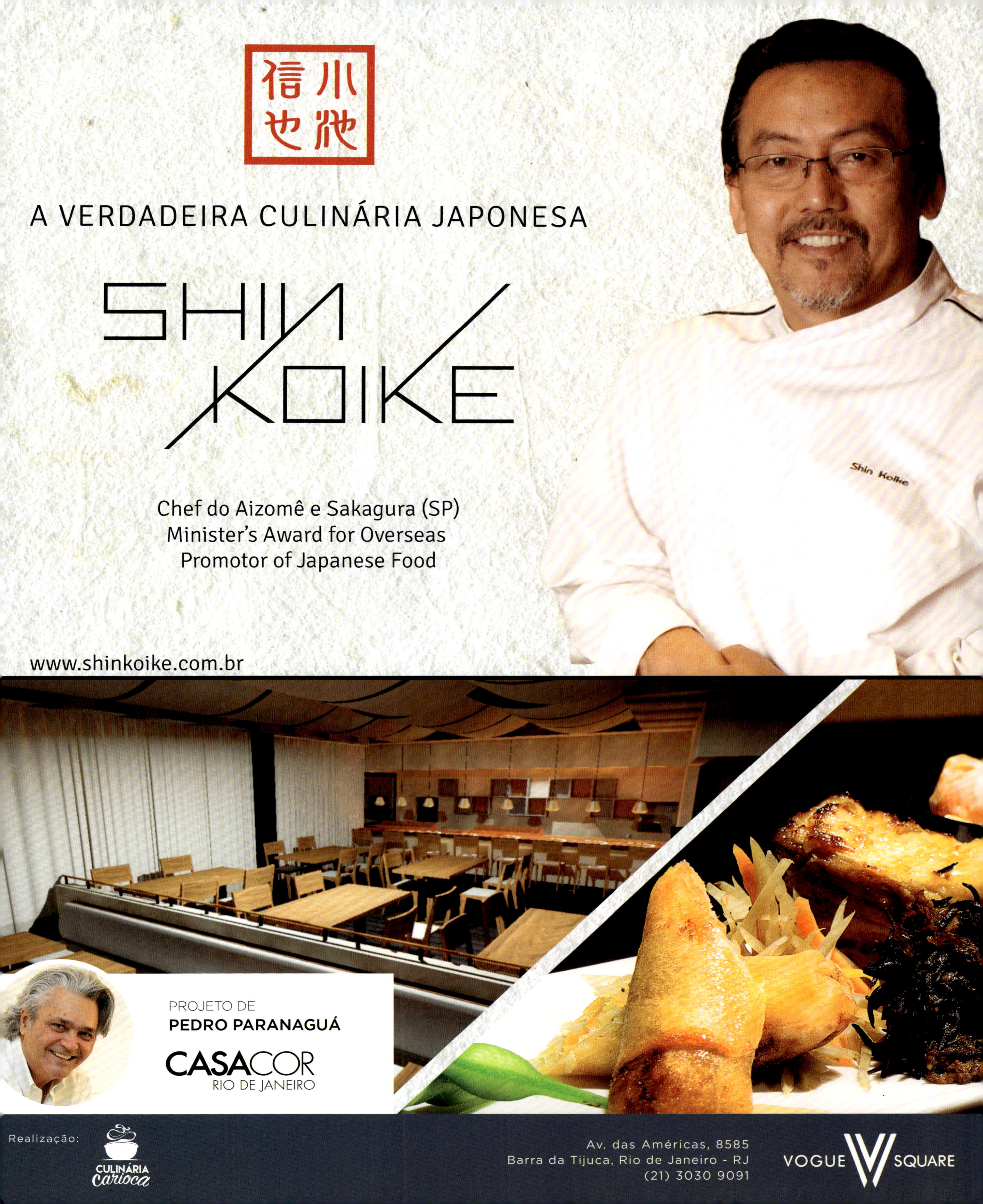
小池信也
A VERDADEIRA CULINÁRIA JAPONESA
SHIN KOIKE
Chef do Aizomê e Sakagura (SP)
Minister's Award for Overseas
Promotor of Japanese Food
www.shinkoike.com.br
PROJETO DE
PEDRO PARANAGUÁ
CASACOR
RIO DE JANEIRO
Realização:
CULINÁRIA Carioca
Av. das Américas, 8585
Barra da Tijuca, Rio de Janeiro - RJ
(21) 3030 9091
VOGUE SQUARE

Barra, o novo Rio

Com conceito moderno de moradia e negócios, a Barra da Tijuca se transforma na cidade do futuro, onde o carioca tem orgulho de viver

With a modern concept for living and for business, Barra da Tijuca becomes the city of the future, where the Carioca *is proud to live in*

Linda e inóspita. Assim era a Barra da Tijuca até o início dos anos 70, quando **Carlos Fernando de Carvalho**, fundador da Carvalho Hosken, passou a transformar a região praticamente inabitada para o local onde o Rio de Janeiro ganha uma cara nova, com conceito urbanístico absolutamente planejado. Àquela época, a Zona Sul carioca – com uma cultura considerada até então referência do que era o Rio aos olhos estrangeiros – já dava sinais de incapacidade de absorver uma demanda demográfica que os especialistas indicariam ser cada vez maior para as décadas seguintes. Em sintonia com o então governador Negrão de Lima, que oficializava o Plano Piloto para a ocupação da Baixada de Jacarepaguá, desenvolvido pelo urbanista Lúcio Costa, Carlos Carvalho adquire 10 milhões de metros quadrados de terras, em sucessivas transações. A partir daí, passa a desenvolver uma nova geração de condomínios, onde grandes espaços, segurança, contato com a natureza e muita qualidade de vida são imperativos.

Beautiful and inhospitable. That is how Barra da Tijuca used to be in the beginning of the 70´s, when ***Carlos Fernando de Carvalho****, founder of Carvalho Hosken, started to change the area which was virtually uninhabited into a place where Rio de Janeiro gets a makeover, with an urban concept completely planned. By that time, the south region of Rio de Janeiro – until then, culturally considered a reference of the city to the eyes of foreigners – was already giving signs of its incapacity to absorb a demographic demand that the specialists would consider an increasing factor for the following decades. In line with the then governor Negrão de Lima, who was making the Pilot Plan for the occupancy of South Jacarepaguá, developed by the urbanist Lúcio Costa, Carlos Carvalho then bought 10,000.000 square meters of land, in successive transactions. From then on, a new generation of condominiums started to be developed, where wide spaces, security, contact with nature and high quality of life are imperative requirements.*

Hoje, os cinco grandes empreendimentos da Carvalho Hosken somam, juntos, 7,7 quilômetros quadrados, o que corresponde a quase 16% de toda a extensão territorial da Barra da Tijuca. São bairros que têm em si, de maneira totalmente integrada e harmoniosa, moradia, parques, jardins, ciclovias, centros de compras e até obras de arte ao ar livre. E o melhor, com segurança e uma administração comandada por associações de moradores com grande senso de preservação e liderança, engajados no cuidado e na defesa dos seus interesses perante os representantes públicos. Em outras palavras, o carioca que mora aqui tem orgulho do lugar onde vive. E uma visão de primeiro mundo, em relação a cuidar do que tanto estima. Um exemplo para a cidade toda.

Today, the five Carvalho Hosken huge enterprises have, altogether, 7.7 square kilometers, which corresponds to almost 16% of the whole territorial extension of Barra da Tijuca. The neighborhoods have a totally harmonious and integrated connection of buildings, parks, gardens, bike lanes, shopping areas and even open air art exhibitions. And the best thing is that it can all be enjoyed with security and with the administration controlled by an association of local residents with a great sense of preservation and leadership, committed to zeal and to defend their interests before public representatives. In other words, the Carioca *who lives here is proud of where he lives. And a vision of the first world, related to taking care of something that really matters. A role model for the entire city.*

Terra de pessoas criativas e donas de um capital intelectual e cultural dos mais admirados do mundo, a cidade do Rio de Janeiro assimila a cada dia esse novo bairro e toda a sua riqueza. Com um grande potencial de ascensão, o morador da Barra da Tijuca é sinônimo de um carioca trabalhador, cheio de referências e vontade de contribuir para o seu meio. Nesse sentido, o mundo dos negócios faz pulsar o novo coração da cidade. O Centro Metropolitano, com o Universe Empresarial, entre outros empreendimentos que surgem na região, estabelece uma nova forma de trabalhar, com reuniões ao ar livre em boulevares planejados, combinados a escritórios de luxuosos com muita tecnologia.

A place made by creative people, who have one of the most envied intellectual and cultural capitals in the world, the city of Rio de Janeiro daily assimilates this new neighborhood and all its wealth. With a significant growth potential, the person who lives in Barra da Tijuca is a synonym of a Carioca *who works hard, is full of references and is willing to contribute for his environment. Therefore, the business world makes the new heart of the city beat. The Centro Metropolitano, as well as the Universe Empresarial, among other enterprises that emerge in the area, stablishes a new way to work, with open air meetings in planned boulevards, connected to luxurious offices equipped with high technology.*

Não é apenas o Rio que passa a se enxergar na Barra da Tijuca. É também o turista. Se até há alguns anos nossos visitantes só compreendiam o Rio de Janeiro nas belezas e atrativos da Zona Sul, na boemia da Lapa e na botecagem da Zona Norte, hoje o turista descobre a Barra da Tijuca como o destino carioca de praias limpas e paradisíacas e de muitas opções de hotéis, shopping centers e empreendimentos de alto padrão aliadas a boa gastronomia e a cultura e lazer. Um exemplo disso é a chegada para a Cidade das Artes da Orquestra Sinfônica Brasileira (OSB), da qual a Carvalho Hosken é patrocinadora master.

Essa percepção ganha um reforço ainda maior com os Jogos Olímpicos Rio 2016, uma vez que a maioria das instalações para o evento internacional está concentrada no bairro. O que, inevitavelmente, dá a oportunidade de os turistas olharem e compreenderem a dimensão da Barra da Tijuca e o legado de um evento tão importante.

O novo destino da cidade é onde todo o Rio de Janeiro vai estar. A seguir, detalhes sobre cada empreendimento da Carvalho Hosken.

It is not only Rio that starts to see itself in Barra da Tijuca, but also the tourist. If until some years ago our visitors would only be interested in Rio de Janeiro relating it to the beauties and attractions of the South area, the bohemian of Lapa and the pub life of the North area, today our tourist discovers the Barra da Tijuca as the Carioca *destiny for clean and paradisiacal beaches and for many options of hotels, shopping malls and high standard buildings combined with good gastronomy, culture and entertainment. One example of this is the Cidade da Artes of the Brazilian Symphonic Orchestra, which major sponsor is Carvalho Hosken.*

This perception was even more emphasized with Rio Olympic Games 2016, because most of the facilities built for the international event are located in the neighborhood. Inevitably, it gives the tourists the opportunity to look and understand the dimension of Barra da Tijuca and the legacy of such an important event. The new destiny of the city is where the entire Rio de Janeiro will be. Next, there are some details about each Carvalho Hosken enterprise.

Rio 2

Lançado na década de 90, o Rio 2 foi o primeiro bairro planejado pela Carvalho Hosken na Barra da Tijuca. Possui 600 mil metros quadrados no total e mais de 100 mil metros quadrados de jardins, alguns assinados pelo mestre Burle Marx. O Rio 2 foi a primeira materialização da nova visão de ocupação do espaço urbano – com soluções para as necessidades da vida moderna, que incluem grandes áreas verdes, infraestrutura e uma associação de moradores própria (AmoRio2 – Associação dos Moradores do Rio2), que cuida de sua conservação e manutenção.

The building was released during the 90´s, Rio 2 was the first neighborhood designed by Carvalho Hosken in Barra da Tijuca. It has 600 thousand square meters in total and more than 100 hundred square meters of gardens, some of them signed by the master Burle Marx. Rio 2 was the first materialization of the new occupation vision for the urban space – with solutions for the needs of the modern life, that include great green areas, infrastructure and a private association of residents (AmoRio2 – Association of Rio2 Residents), that takes care of its maintenance and preservation.

Cidade Jardim

O condomínio é uma revolução urbana humana e residencial, com infraestrutura diferenciada e *mall* de conveniência próprio: o Empório Jardim. Desenvolvido em parceria com a RJZ Cyrela, também nos moldes de bairro planejado, conta com uma associação de moradores atuante, a Ascija – Associação dos Amigos do Cidade Jardim –, que cuida da segurança e da preservação dos seus espaços de uso comum.

The condominium is a residential and human urban revolution with exclusive facilities and its own convenience stores center: the Empório Jardim. Developed in a partnership with RJZ Cyrela, also along the lines of a planned neighborhood, it has a very active association of residents, the Ascija – Association of Cidade Jardim Friends –, which takes care of security and of the preservation of its common spaces.

Península

O bairro de mais alto padrão da Barra da Tijuca foi implantado pela Carvalho Hosken em apenas 7% de uma área de 780 mil metros quadrados. O Península é um bairro ecologicamente planejado e seu terreno levou quase 20 anos para ser preparado. Sua infraestrutura abrange dois imensos parques, 5 jardins temáticos, uma trilha ecológica nas margens do único manguezal preservado na região urbana do Rio de Janeiro e um grande acervo artístico cultural a céu aberto, com obras de artistas contemporâneos. O bairro conta ainda com o Península Open Mall, shopping que atende aos moradores. Tudo administrado Assape – Associação dos Amigos da Península.

The highest standard neighborhood in Barra da Tijuca was designed by Carvalho Hosken in only 7% of the 780 thousand square meters area. Península is an ecologically planned neighborhood, and it took almost 20 years for the ground to be prepared. The infrastructure comprehends two huge parks, five thematic gardens, one ecologic track on the verge of the only preserved mangrove swamp in the urban area of Rio de Janeiro and a great open air cultural artistic collection, with the work of contemporaneous artists. The neighborhood also has the Peninsula Open Mall, a shopping mall that serves those who live in the neighborhood. Everything is administrated by Assape – Association of Peninsula Friends.

Centro Metropolitano

Numa área de 5 milhões de metros quadrados, ele é o novo coração da cidade

Pensado por Lúcio Costa para abrigar o núcleo de decisão do então Estado da Guanabara, o Centro Metropolitano foi projetado para ser uma área confortável e abrigar o novo coração do Rio. Com avenidas largas, ele está ligado as principais vias de acesso da região, e já servida conta com boas opções de transporte público, além de conexão com outras vias, que levam a cidade toda. Aqui já estão o Shopping Metropolitano, o Hotel Hilton Barra Rio de Janeiro e o complexo de escritórios Universe Empresarial, numa fórmula na qual moradia, trabalho e lazer estão no mesmo local, valoriando o conceito moderno de viver.

Designed by Lucio Costa in order to shelter the only committee for decision of the then State of Guanabara, the Centro Metropolitano was planned to be a comfortable area and embrace the new heart of Rio. With wide avenues, it is connected to the main access routes to the region, and already has good options for public transportation, besides the connection to other routes that can go to the entire city. Here are located the Shopping Metropolitano, the Hilton Hotel Rio de Janeiro and the offices complex Universe Empresarial, in a project where housing, work and entertainment can be found at the same place, valuing the modern concept of living.

Universe Empresarial e Shopping Metropolitano Barra

Com quase 16 mil m², o Universe Empresarial tem salas comerciais, escritórios de vila duplex e lojas. Sua praça central conta com paisagismo inspirado nos jardins franceses, mesas ao ar livre para cafés ou almoços de negócio. No interior, há 5 lobbies sofisticados e ainda um centro de negócios e bem-estar, o Business e Health Center, com um auditório para 143 lugares ou 8 salas de reunião, academia e piscina coberta. O Shopping Metropolitano Barra é um gigante de consumo com 206 lojas e 7 salas de cinema. Aqui está um jardim vertical de 1.600 m², no qual foram usadas 100 mil mudas, numa das maiores paredes verdes do mundo.

With almost 16 thousand squared meters, the Universe Empresarial has commercial rooms, duplex village offices and stores. Its central square has the landscaping inspired in French gardens, with outdoor tables for coffees and business lunches. Inside, there are five sophisticated lobbies and also a business and well-being center, the Business and Health Center, with an auditorium with 143 seats or eight meeting rooms, fitness facility, and an indoor swimming pool. The Shopping Metropolitano Barra is a shopping giant, with 206 stores and seven movie theaters. There is a vertical garden with 1,600 square meters, in which 100 thousand seedlings were used, forming one of the biggest green walls in the world. .

NO

Hotel Hilton Rio e as Fontes da Barra

O primeiro Hotel Hilton do Rio de Janeiro, o único cinco estrelas na categoria Executivo Luxo Superior, fica aqui, desenvolvido integralmente pela Carvalho Hosken, com certificação de projeto sustentável. Bem perto dele, o parque Fontes da Barra, com projeto paisagístico do renomado Benedito Abbud, estimula o relaxamento e a contemplação através do ritmo das águas, que se movimentam sobre incríveis quatro módulos com 237 metros de espelho d'água.

The first Hilton Hotel of Rio de Janeiro, the only five stars in the category Superior Luxurious Executive, is located here, totally developed by Carvalho Hosken, with the certificate of a sustainable project. The park Fontes da Barra, is located very close to it, with the landscape design from the famous Benedito Abbud, which stimulates the relaxation and contemplation through the rhythm of waters, that move over four incredible modules with a 237 meters water mirror.

CARVALHO HOSKEN

Ilha Pura e Parque Olímpico

Depois do Centro Metropolitano, às margens da Lagoa de Jacarepaguá, a 5 minutos da praia, entre o mar a montanha, o novo bairro planejado, realizado em parceria com a Odebrecht, tem área de 900 mil metros quadrados, sendo que em um terço abriga sete condomínios, compostos por 31 torres de 17 andares e 3.604 apartamentos, ocupados inicialmente pelos 18 mil esportistas dos Jogos Olímpicos de 2016. O projeto é uma evolução dos bairros planejados para associar sustentabilidade, qualidade de vida e arte em uma dimensão antes nunca desenvolvida. A Ilha Pura reúne conceitos de sustentabilidade e utilização racional de recursos. Aqui há um parque com 72 mil m², com amplos espaços de convivência integrados com a natureza, paisagismo assinado pelo escritório de Burle Marx, quadras, decks, espelhos d´água, além de 1.400 árvores nativas e frutíferas e viveiro com mais de 1.300 espécies. A mobilidade interna acontece em 4,5 km de ciclovia e o acesso ao restante da cidade será viabilizado pela Transolímpica.

O Parque Olímpico é fruto do consórcio Rio Mais, no qual a Carvalho Hosken participa da implantação da infraestrutura com as construtoras Odebrecht e Andrade Gutierrez. A ação em conjunto assina as três arenas principais, além do hotel, do Centro de Imprensa e das obras civis da central de transmissão televisiva dos Jogos.

After the Centro Metropolitano, alongside of Jacarepaguá lake, five minutes from the beach, between the sea and the mountain, the new planned neighborhood, developed in a partnership with Odebrecht, has an area of 900 thousand square meters, seven condominiums are located in one third of this area, they have 31 towers of 17 floors and 3,604 apartments, initially occupied by 18 thousand sportspeople for the 2016 Olympic Games. The project is an evolution of planned neighborhoods in order to associate sustainability, life quality and art in a level never developed before. The Ilha Pura comprehends concepts of sustainability and the rational use of resources. There is a park here with 72 thousand square meters, with wide interaction spaces integrated with nature, the landscape design is signed by Burle Marx office, courts, decks and water mirrors, besides 1,400 native and fruitful trees and a nursery with more than 1,300 species. The internal mobility uses 4.5 km of bike lanes, and the access to the rest of the city became viable through the Transolímpica.

The Olympic Park is a result of the Rio Mais consortium, in which Carvalho Hosken participates in the infrastructure implementation with the construction companies Odebrecht and Andrade Gutierrez. The partnership signs three main arenas, besides the hotel, the Press Center and the construction works of the television broadcast center used during the Games.

BELEZA
BEAUTY

Copacabana Palace Spa

No anexo do hotel mais luxuoso do Rio, tem cômodos espaçosos e décor clean

O Spa do Copa é cheio de mimos para os seus clientes. Quem chega já começa a relaxar em um ambiente que inclui água de coco, mix de castanhas e confortáveis espreguiçadeiras com fones de ouvido. Para os que se preparam para ir embora, outra sala de transição oferece chás orgânicos importados e petits fours. No cardápio de tratamentos, massagens, shiatsu, banhos e aplicação de pedras quentes. Tudo acompanhado de produtos de primeira linha.

The spa of the most luxurious hotel in Rio, with its large rooms and clean decoration, is notable for spoiling its clients. Clients start to relax as soon as they arrive at this spa, where they find coconut water, nut mixes and comfortable chaise longs with headphones. Clients prepare to leave in a transition room, where there is imported organic tea and petit fours. Treatment menu includes massages, shiatsu, baths and hot stone massages. First-class products only.

Av. Atlântica, 1702, Copacabana Palace, Copacabana. Tel.: 55 21 2548-7070
www.copacabanapalace.com.br

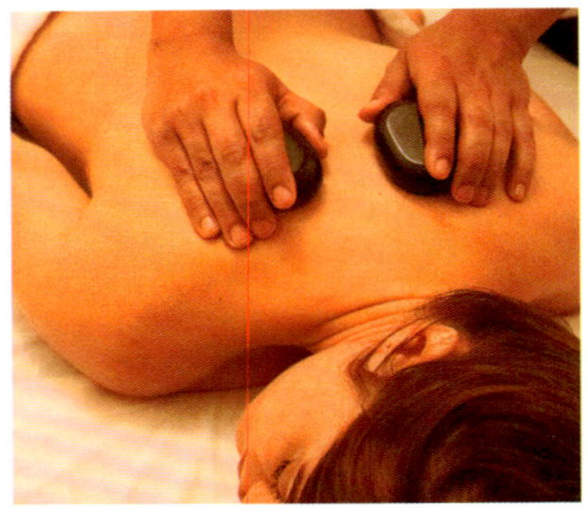

Espaço Nirvana

Aqui, toda a ambientação já é um convite ao relaxamento

Mantras como música de fundo, chazinho à disposição para os clientes e aroma de incenso indiano. O spa da casa vem complementar esse clima, oferecendo massagens terapêuticas, tratamentos corporais e faciais, terapias holísticas, como Reiki, e harmonização de chakras com cromoterapia. Tudo para atingir o equilíbrio e sair de lá com a sensação de estar flutuando.

Espaço Nirvana's setting in itself is an invitation to relax. Mantras as background music, tea available for clients and Indian incense scent. Its spa complements this atmosphere by offering therapeutic massages, body and facial treatments, holistic therapies, such as Reiki, and chakra harmonization with color-light therapy. Everything clients need to find balance and go home feeling like they are floating.

Praça Santos Dumont, 31, Jockey Club, Gávea. Tel.: 55 21 2187-0100
www.enirvana.com.br

Spa Fasano

Salas aconchegantes e um menu com tratamentos de primeira linha

A gente entra aqui e sai completamente renovado. Comandado pela empresária mineira Renata de Abreu, o spa fica no primeiro piso do hotel e conta com uma série variada de massagens e tratamentos de beleza. Entre as mais pedidas está a Mais Vida, com uma hora e vinte minutos de duração, que inclui aromaterapia e escalda-pés. No terraço do hotel, com vista para toda a orla de Ipanema e do Leblon, fica ainda a sala Vichy Shower, para hidrotratamentos.

Small cozy rooms decorated in earthy tones, relaxing scent and first-class treatments ensure all clients leave the spa at Fasano hotel feeling fully renewed. The spa run by businesswoman Renata de Abreu is on the first floor of the hotel and offers different massages and beauty treatments. Mais Vida is one of the most popular ones: it lasts an hour and twenty minutes and includes aromatherapy and foot soaks. Clients can find hydrotherapy treatments at Vichy Shower room, which is located on the hotel terrace, with a view to Ipanema and Leblon beaches.

Av. Vieira Souto, 80, Ipanema.
Tel.: 55 21 3202-4044
www.fasano.com.br

Windsor Spa e Fitness

O grande espaço tem até suítes para casais

Ao todo são 600 metros quadrados, três salas de tratamentos individuais, suítes para casais e um espaço criado especialmente para noivas e madrinhas. No cardápio de tratamentos, rituais que cuidam do corpo e do rosto e prometem deixar qualquer um renovado, além de massagens, tratamentos faciais e banhos. E o Spa ainda funciona no 38º andar, e tem uma vista deslumbrante para a Praia de Copacabana.

The spa at Windsor hotel is perfect for everyone seeking relaxation, it is not for hotel guests only. The area of 600 square meters houses three private treatment rooms, private suites for couples and a space specially created for brides and bridesmaids. Treatment menu includes rituals for the body and face that will definitely make all clients feel renewed, in addition to massages, facial treatments and baths. Also, the Spa is located on the 38th floor and it has a gorgeous view to Copacabana beach.

Avenida Atlântica, 1.020, Copacabana.
Tel.: 55 21 2195-7896
www.windsorhoteis.com

Werner

Beleza e bem-estar pelos quatro cantos da cidade

A maior rede de cabeleireiros do Rio está no mercado há 25 anos e é sinônimo de beleza e bem-estar. Com vários salões pela cidade, conta sempre com profissionais com o mesmo nível técnico em todas as localidades. A pesquisa de tendências é um dos diferenciais da marca. A cada seis meses, é lançado um catálogo com novos visuais, para inspirar a clientela.

The largest chain of hairdressers in Rio is in the market for 25 years and is a synonym of beauty and welfare. With many salons spread through the city, always have professionals with the same technical standards in every branch. The survey of trends is one of the differentials of the brand. Every six months, a catalog with new looks is released to inspire the clients.

www.wernercoiffeur.net

Mais beleza
More beauty

Outros endereços para praticar a vaidade. Other addresses to put vanity in practice

C.Kamura By Wella

Salão chiquíssimo, do famoso cabeleireiro, com clientes como a presidente Dima Rousseff.

Super fancy salon, of the famous hairdresser, with clients such as the president Dilma Rousseff.

Village Mall: Av. Das Américas, 3900, loja 129, Barra da Tijuca. Tel.: 55 21 3252-2619; www.ckamura.com.br

Dessange

De Paris para o Rio, é um dos salões de cabeleireiros mais famosos do mundo.

From Paris to Rio, is one of the most famous hair salons in the world.

Barra Shopping: Av. das Américas, 4666, Barra da Tijuca. Tel.: 55 21 3387-0660; salon.dessange.com/pt/riodejaneiro/

MAC

Loja de uma das mais famosas grifes de maquiagem.

The store of one of the most famous makeup brands.

Village Mall: Av. Das Américas, 3.900, piso L2, Barra da Tijuca. Tel.: 55 21 3252-2547; www.maccosmetics.com.br

Sephora

Megastore com tudo para beleza.

Megastore with everything for your beauty.

Rio Sul: Rua Lauro Muller, 116, 3º piso, Botafogo. Tel.: 55 21 3553-0649; www.sephora.com.br

COMPRAS
SHOPPING

Shopping Leblon

No coração da Zona Sul do Rio, agrega consumo, lazer e cultura. E encanta locais e turistas, ao traduzir o estilo de vida carioca

Localizado no coração da Zona Sul do Rio de Janeiro, o Shopping Leblon agrega consumo, lazer e cultura. Inspirado no estilo de vida carioca, que encanta locais e turistas, o Shopping Leblon criou um projeto arquitetônico solar e aconchegante. Em seus quatro andares, o mall abriga um mix sofisticado de lojas nacionais e internacionais, restaurantes, espaço de entretenimento e um moderno edifício de salas comerciais. Tudo pensado para proporcionar ao visitante uma experiência prazerosa e inspiradora, que consagra o Shopping Leblon como um dos mais procurados destinos de compras e lazer da cidade.

Para quem busca lazer e cultura, o shopping tem um multiplex, recém reformado com programação impecável e uma nova sala VIP, um teatro com 926 lugares, o maior da Zona Sul, e a melhor livraria da cidade – a Livraria da Travessa –, onde acontecem as mais concorridas noites de autógrafo de autores nacionais e internacionais. Conta com uma área de lazer infantil e ainda eventos concebidos exclusivamente para o Shopping Leblon por artistas plásticos consagrados e as principais autoridades em moda e gastronomia.

Se você está visitando o Rio de Janeiro, aproveite os gifts e benefícios do Shopping Leblon. Procure o Concierge no 1º piso ou ligue para (21) 3138-8001.

Located in the heart of the South Zone of Rio de Janeiro, Shopping Leblon offers an unique experience for shopping, leisure and culture. Inspired by the Rio lifestyle enjoyed by locals and tourists alike, Shopping Leblon is a sky-lit and welcoming four storey shopping mall, housing a mix of iconic Brazilian and global brands, providing an enjoyable and inspiring experience that has made it one of the most sophisticated shopping and entertainment destinations in the city.

For visitors seeking entertainment and culture the shopping center offers a multiplex, recently reformed with impeccable programming and a new VIP room, a 926-seat theater, the largest in the South District, and the best bookstore in town – Livraria da Travessa – famous for hosting some of the most prestigious autograph nights with Brazilian and international authors. It offers a children's entertainment area and also events designed exclusively for Shopping Leblon by renowned artists and authorities in fashion and gastronomy.

If you are visiting Rio de Janeiro, enjoy the gifts and benefits of Shopping Leblon. Talk to the Concierge on the 1st floor or call + 55 21 3138-8001.

Shopping Leblon: Av. Afrânio de Melo Franco, 290, Leblon. Tel.: 55 21 3138-8000

RIO BOOK

ANTONIO BERNARDO

Ele transforma o ouro, a prata e a gema no mais puro design

Antonio Bernardo cria joias há mais de quatro décadas. Suas peças têm inovação e tradição, movimento, qualidades visuais e táteis reconhecíveis. Conquistou importantes prêmios internacionais e tem se dedicado a eventos e mostras artísticas, nas quais flerta com o abstrato e o lúdico, essenciais ao seu design.

He transforms the gold, the silver and the gem into the eloquent matter for design. Antonio Bernardo creates jewels for more than four decades. His pieces have innovation and tradition, movement, visual and tactile qualities that can be recognized. He won important international awards and has been involved in events and artistic exhibitions, in which he flirts with the abstract and the ludic, essential things for his design.

Shopping Leblon, 3º piso. Tel.: 55 21 25233192; www.antoniobernardo.com.br

ANIMALE

Com 25 anos de história, e que história, a grife é uma referência no mercado de moda feminino

A marca de Claudia e Roberto Jatahy nasceu em 1991, com o sonho dos irmãos tomando forma em uma loja no Leblon. Hoje, a ANIMALE figura entre as maiores empresas de moda do Brasil, com mais de 80 lojas em todo o País. Luxo e sofisticação são as palavras de ordem, e aparecem em coleções bem acabadas e atendimento ímpar.

With a 25 years of history – and what a history! –, the brand is a reference for the women fashion market. The brand of Claudia and Roberto Jatahy was created in 1991, with the dream of the siblings being developed in a store located in Leblon. Today, ANIMALE is among the greatest fashion companies in Brazil, with more than 80 stores in the country. Luxury and sophistication are the watchwords, and it can be seen in a very refined collection and unique service.

Shopping Leblon, 3º piso. Tel.: 55 21 32985381;
www.animale.com.br

BALADA MIX

Revolucionou o conceito de casa de sucos e se transformou em um dos restaurantes mais queridos pelos cariocas!

As casas de sucos são uma tradição do Rio e já ficaram famosas, não só por receberem cariocas de todos os estilos, mas também por revelarem uma carioquice que todo visitante deve conhecer. E o que era incrível ficou ainda melhor quando o Balada Mix trouxe um novo conceito para o segmento, em 2002. Do café da manhã ao jantar, passando pelo pós-praia, a mistura de ambiente acolhedor com alimentação saudável faz do Balada o ponto de encontro perfeito, para todo o dia!

The juice bars are a tradition in Rio and became famous not only for serving Cariocas *from all styles, but also for revealing a very typical* Carioca *style that every visitor should know. And what was amazing became even better when Balada Mix brought a new concept for the segment, in 2002. From breakfast to dinner, going through the after-beach, the combination of a cozy place and healthy food makes Balada Mix a perfect gathering place, at any time!*

Shopping Leblon, 4º piso. Tel.: 55 21 3592-5348; www.baladamixrestaurante.com.br

CORTÉS ASADOR

Aqui, a parrilla recebe cortes de carne pouco usuais, vegetais e hambúrgueres com sabor de brasa

Com um ambiente jovem e contemporâneo, o Cortés Asador tem foco na parrilla: dela saem cortes como o bife ancho e o top sirloin, e também hambúrgueres e legumes grelhados. O menu também inclui outras carnes, como o galeto desossado e o carré de cordeiro. Para acompanhar, a sequinha polenta crocante, o purê de batata rústica e o arroz com brócolis fazem o maior sucesso

With a young and contemporary atmosphere, Cortés Asador has the parrilla at its heart. From the grill come dishes such as the bife ancho [rib eye] and the top sirloin steak, as well as charbroiled hamburgers and vegetables. The menu offers several options of meat, including deboned chicken and rack of lamb. Among its popular side-dishes are the crunchy fried polenta, rustic mashed potatoes and rice with broccoli.

Shopping Leblon, 4º piso. Tel.: 55 21 3576-9707; www.restaurantecortes.com.br

FARM

Ao vivo, a cores e toda estampada, a marca da garota carioca deu origem a um estilo de vida inspirador

A garota é o ponto de partida e ponto final da FARM. Por que acreditamos que a beleza deve ser uma continuação feliz e vibrante das nossas meninas, uma tradução ao vivo, a cores e toda estampada de suas almas. Em bom carioquês, diriam os sócio-fundadores Marcello Bastos e Katia Barros, a FARM é menos salto alto e mais pé na areia. Menos maquiagem e mais bronzeado. Menos chapinha e mais cabelo secando ao vento depois de um mergulho no mar.

The brand of the Carioca *girl was the beginning of an inspiring lifestyle... It is the starting and the final point of FARM, which believes that beauty must be a happy and vibrant continuation of our girls, a live translation, in colors and all prints of their souls. To sum up the concept, the partner and founders Marcelo Bastos and Katia Barros would say that it is less high heels and more sand in your feet. Less makeup and more tan. Less flat irons and more free hair drying in wind after a sea diving.*

Shopping Leblon, 3º piso. Tel.: 55 21 99565-1828; www.farmrio.com.br

GERO TRATTORIA

Traz ao Shopping Leblon a bossa da Cidade Maravilhosa junto a excelência da gastronomia Fasano

O menu, desenvolvido pelo restaurateur Rogério Fasano e pelo chef Luca Gozzani, apresenta receitas clássicas da culinária italiana, como o polpettone al forno e o spaghetti alla Carbonara. Situado no centro do Shopping, o ambiente agradável e descontraído é assinado pelo arquiteto Tiago Bernardes.

The menu, developed by the restauranteur Rogério Fasano and the chef Luca Gozzani, shows classic Italian recipes as the polpettone al forno and the spaghetti alla carbonara. Located in the center of the shopping mall, the pleasant and informal atmosphere is signed by the architect Tiago Bernardes.

Shopping Leblon, 1º piso. Tel.: 55 21 3594-6636; www.fasano.com.br

GASTRONOMIA

É mais um ponto alto do Shopping Leblon, com um mix eclético e delicioso de restaurantes

A gastronomia é outro ponto alto do Shopping Leblon. Com um mix eclético e delicioso de restaurantes, são mais de 20 opções em diversos pisos do mall, como a deli Le Déppaneur, logo na entrada do shopping, o sofisticado Gero Trattoria, no primeiro piso, e o restaurante Bazzar, localizado na charmosa Livraria da Travessa, no segundo piso. Nosso Espaço Gastronomia, no quarto piso, privilegia uma das mais belas paisagens da cidade, com vista panorâmica para a Lagoa Rodrigo de Freitas e o Corcovado, com a estátua do Cristo Redentor, além de concentrar nossa maior oferta de gastronomia, que vai de restaurantes mais sofisticados até refeições mais rápidas. Venha e descubra a gastronomia no Shopping Leblon, onde o sabor é temperado com estilo.

Gastronomy is another highlight at Shopping Leblon. With a mix of restaurantes at the same time ecletic and delicious, there are more than 20 different options throughout the mall, such as the Le Deppaneus Deli at the mall´s entrance, the sophiscticated Gero Trattoria on the first floor, Bazzar restaurant on the second floor, inside the charming Livraria da Travessa and our Food Court, located on the 4th floor. The Food Court is notable for having one the most beautiful views of Rio – a panoramic view of Lagoa Rodrigo de Freitas and the Corcovado Mountain, with the Christ the reedemer statue - and the biggest offer on restaurants and fast food on the mall. Come and discover the gastronomy at Shopping Leblon, where flavour is seasoned with style.

GASTR

HAVAIANAS

É a marca oficial dos corações e dos pés dos brasileiros há mais de 50 anos

Universais e democráticas, as sandálias estão presentes nos momentos mais diversos da vida. É a marca oficial dos corações e dos pés dos brasileiros há mais de 50 anos. Um produto único, que consegue combinar conforto e estilo, o simples e o sofisticado. Um verdadeiro mundo da Havaianas marca presença no Shopping Leblon. Uma loja recheada de produtos que apresenta para a cidade toda a coleção já tão famosa da marca, além da inédita coleção Havaianas Eyewear. Tudo isso num ambiente que traduz o espírito descontraído, alegre e ao mesmo tempo simples da marca.

Universal and democratic, the sandals are part of the most diverse moments of life. It is the official brand of the hearts and feet of Brazilian for more than 50 years. A unique product that combines comfort and style, the simple and the sophisticated. A real Havaianas world is located at Shopping Leblon. A store full of products that displays to the whole city all the collection of the well-known brand and also the exclusive Havaianas Eyewear collection. It can all be found in a place that translates the informal and happy atmosphere, which is simple at the same time.

Shopping Leblon, 1º piso. Tel.: 55 21 25404858; www.havaianas.com

H.STERN

Fundada em 1945 no Rio de Janeiro, a H.Stern é uma das mais prestigiadas joalherias do mundo

Conquistou reconhecimento internacional pela qualidade e design único de suas criações, inspiradas nas artes, moda e arquitetura. Na loja que fica no exclusivo espaço do Shopping Leblon, o público encontra as cobiçadas criações que já conquistaram mulheres como Angelina Jolie, Rihanna e Lily Collins.

H.Stern opened its first store in Rio de Janeiro in 1945. It is one of the most prestigious jewelry stores in the world. The brand has become famous worldwide for its high-quality and unique creations, which are inspired by the arts, fashion and architecture. In the exclusive Shopping Leblon store, customers can find the treasured creations that women like Angelina Jolie, Rihanna and Lily Collins just love.

Shopping Leblon, 2º piso. Tel.: 55 21 22943876; www.hstern.com.br

NORI

Sashimi que derrete na boca e uma estonteante vista de um dos mais belos cartões postais do Rio

Batizado com o nome da alga que envolve os enrolados japoneses, Nori é um dos destaques entre os restaurantes do quarto andar do Shopping Leblon. Os sócios Otto Blanco e Roberto Cruz convidaram o renomado arquiteto baiano David Bastos para assinar o projeto do restaurante.
O resultado foi a união de requinte e despojamento, explorando cores e formas limpas, aliadas à vista estonteante da Lagoa Rodrigo de Freitas e do Cristo Redentor. À frente da cozinha está o chef Paulo Sergio Araújo. Ele desenvolve robatas em diversos sabores, e os sashimis recebem um corte nem fino nem grosso, que faz o peixe derreter na boca.

Sashimi that melts in the mouth and a stunning sight of one of the most beautiful postcards in Rio. Named after the seaweed that involves the Japanese rolls, Nori is one the highlights among the restaurants located on the fourth floor of Shopping Leblon. The partners Otto Blanco and Roberto Cruz invited the famous architect from Bahia, David Bastos, to sign the restaurant´s project. The result is the combination of sophistication and informality, exploring clean shapes and colors, along with the stunning sight of the Lake Rodrigo de Freitas and the Cristo Redentor. Leading the kitchen is the chef Paulo Sergio Araújo. He prepares robata in different flavors and the sashimi receives a cut that is not too thin or too thick, making the fish melt inside the mouth.

Shopping Leblon, 4º piso. Tel.: 55 21 25405082;
www.restaurantenori.com.br

OMEGA

A tradição e tecnologia do fabricante de relógios que já levou o seu produto até a lua

A respeitada marca suíça foi fundada em 1848 e desde então é reconhecida por seu espírito pioneiro e inovador de fazer relógios. Criadora do sistema Co-Axial, um dos mais precisos movimentos mecânicos de relógios do mundo, a Omega tem sua história relacionada a grandes conquistas da humanidade: foi a criadora dos primeiros relógios usados por mergulhadores profissionais e seu modelo Speedmaster viajou no pulso dos astronautas que foram à Lua.

This famous Swiss brand was founded in 1848 and since then it has been notable for its pioneering and innovative spirit in producing watches. Omega is the co-creator of Co-Axial, which is one of the most accurate watch systems in the world. Its history is closely related to important achievements of humanity: it created the first watches worn by professional divers and its Speedmaster watch has traveled to the moon inside astronauts' pockets.

Shopping Leblon, 2º piso. Tel.: 55 21 3349-5420; www.omegawatches.com

OSKLEN

Representa o lifestyle da mulher e do homem contemporâneos

Tudo isso num mundo onde convivem o urbano e a natureza, o global e o local, o orgânico e o tecnológico, sempre unindo sofisticação e despojamento. O universo da Osklen é um reflexo da visão e dos elementos de estilo de Oskar Metsavaht, diretor criativo da marca que é hoje uma das grifes brasileiras mais famosas no mundo.

Osklen stores reflect modern men and women's lifestyle, in a universe where city and nature, global and local, organic and technology come together in a cool sophisticated way. Osklen's universe reflects the Oskar Metsavaht's vision and elements of style. He is the creative director of the brand, which is currently one of the most famous Brazilian brands in the world.

Shopping Leblon, 2º piso. Tel.: 55 21 2540-6947; www.osklen.com

PHEBO

Faz o sabonete brasileiro à altura dos melhores do mundo, à base de essências naturais da Amazônia

Fundada em 1930 em Belém, na Amazônia, o sonho da Phebo deu origem ao famoso e insubstituível sabonete de formato oval, de aroma inesquecível. Com o passar do tempo, as criações marcantes e originais da Phebo fizeram dela uma marca querida por gerações. Hoje, com uma vasta linha de produtos e fragrâncias sofisticadas e inovadoras, é sinônimo de luxo, glamour e moda.

Phebo was established in Belém – Brazilian city in the heart of the Amazon region- in 1930. It resulted from the dream to create a Brazilian soap brand to match up the best soap brands in the world using natural scents from the Amazon region. That is how the famous and unique oval shaped soap was created. With time, Phebo's remarkable and original creations won over the hearts of many generations. Today, it is a synonym for luxury, glamor and fashion, with its wide range of products and sophisticated fragrances.

Shopping Leblon, 3º piso. Tel.: (21) 3649-9768; www.granado.com.br

RÁSCAL

Com receitas inspiradas na cozinha mediterrânea, tem o melhor bufê da cidade

O Ráscal tem uma estação aberta de massas e carnes, além de bufês de frios, antepastos e saladas. Do forno a lenha saem ainda 20 sabores de pizzas e os pães da casa. Também é possível escolher itens do menu à la carte, que elenca opções como o carré de cordeiro, a truta grelhada e o ravioli de espinafre ao molho concassé. Tudo é produzido aos olhos dos clientes em cozinhas abertas, vantagem do projeto arquitetônico, que permite acompanhar a qualidade e cuidado na preparação artesanal dos pratos.

Ráscal has an open kitchen where pasta and meat dishes are served fresh from the oven. The salad and antipasti bar offers a wide variety of choices. From the wood-fired oven come 20 different pizza options, as well as homemade bread. The à la carte menu includes dishes such as rack of lamb, grilled trout and spinach ravioli with tomato concassé sauce. Patrons can watch the whole preparation process: Ráscal's open-concept architecture allows everyone to see the careful handling of ingredients and fresh produce".

Shopping Leblon, 4º piso. Tel.: 55 21 2259-6437; www.rascal.com.br

RESERVA

É a marca de moda masculina que pensa fora da caixa, com um grande foco: a comunicação

Para a Reserva, o relacionamento com as pessoas é a verdadeira alma do negócio. Ser amigo dos clientes, e não apenas uma marca, é a sua missão. Por isso, quem entra na loja se sente em casa, num ambiente descontraído, com cerveja gelada, um bom bate papo e roupas feitas para pessoas de verdade, que gostam de ser elas mesmas.

Reserva is a menswear brand notable for thinking outside the box. Its focus is clear: communication. For Reserva, relating to people is everything. Reserva's mission is to be customers' friend, not a brand. That is why customers enter the store and feel comfortable, in a relaxed atmosphere with good beer and nice chats. The clothes are made for real people, who just like to be themselves.

Shopping Leblon, 3º piso. Tel.: 55 21 2512-7063; www.usereserva.com

SALINAS

A praia e o jeito da carioca sempre foram a sua grande fonte inspiradora

Fundada por Tunico e Jacqueline De Biase em 1982, suas criações, que traduzem o jeito leve e colorido de viver, ganharam o coração das cariocas e ao longo dos anos foram conquistando também o Brasil inteiro. Hoje resume de forma criativa e elegante o espírito que quem mora no Rio.

The beaches in Rio have always been the great inspiration for Salinas. It was established by Tunico and Jacqueline De Biase in 1982. Its creations, which reflect an easygoing and colorful lifestyle, have won over the hearts of the coolest girls in Rio and throughout time, Brazil as a whole.

Shopping Leblon, 3º piso. Tel.: 55 21 2540-5445; www.salinas-rio.com.br

TRACK & FIELD

É a maior marca de fitness e beachwear 100% brasileira

Fundada no final da década de 1980, a marca é sinônimo de produtos esportivos de alta qualidade, tecnologia e design. Evoluiu acompanhando o comportamento do consumidor e, atualmente, oferece produtos tanto para atletas quanto para quem procura um estilo de vida saudável e ativo.

Track & Field is the largest 100% Brazilian fitness and beachwear brand, a synonym for high-quality sports products, technology and design. The brand was established in the 80's and has evolved according to customers' behavior. Today, it offers products not only for athletes, but also for those who want to have a healthy and active lifestyle.

Shopping Leblon, 3º piso. Tel.: 55 21 3275-1824;
www.tf.com.br

NOITE
NIGHT

Vivo Rio

A casa de shows comporta uma larga audiência e sua varanda também recebe grandes festas

Ao lado do MAM, no parque do Flamengo, ela recebe um público seleto de todas as idades. Shows de artistas renomados acontecem por lá, e o ambiente é confortável. As paredes de vidro aumentam a sensação de amplitude e integram o ambiente aos jardins do Aterro, projetados por Burle Marx. A vista é uma atração à parte.

Right next to MAM (Modern Art Museum), in Flamengo park, this concert house has a large audience capacity and its huge balcony is usually used to throw parties to very special guests of all ages. Well-known artists usually perform there and the atmosphere is quite comfortable. Glass walls make the place look larger and integrate it to the Flamengo Park gardens, which have been designed by Burle Marx. The view is an attraction in itself.

Av. Infante Dom Henrique, 85, Flamengo.
Tel.: 55 21 4003-1212
www.vivorio.com.br

Estudantina Musical

Dança de salão e samba de gafieira dão vida ao prédio construído no fim do século XIX

Toda noite, o lugar se transforma com a evolução dos dançarinos na mais antiga e popular casa noturna do Rio. “Enquanto houver dança, haverá esperança”, diz o lema numa das paredes. Salsa, bolero e tango também fazem parte do repertório. Aos solitários, basta contratar um “personal dancer” para aproveitar a noite dançando coladinho.

Ballroom dancing and gafiera bring life into the building built in late 20th century which houses the oldest and most popular nightclub in Rio. “When there is dance, there is hope” is the motto customers read on a sign hanging on the wall. Customers can also dance the salsa, bolero and tango. If you go there alone, you can hire a “personal dancer” and dance cheek to cheek all night long.

Praça Tiradentes, 79, Centro.
Tel.: 55 21 2232-1149
www.estudantinamusical.com.br

Londra

A revista Wallpaper diz que ele é o melhor bar de hotel do mundo

O Baretto-Londra fica dentro do requintado Fasano, e oferece coquetéis premiados acompanhados de pratos leves. As paredes do bar são decoradas por capas de discos de vinil e, pelo salão, sofás pretos criam um clima intimista. O Londra recebe com frequência renomados DJs e oferece *pocket-shows* de segunda a sábado.

The best hotel bar in the world, according to Wallpaper magazine, Baretto-Londra is located inside sophisticated Fasano hotel, and offers award-winning cocktails accompanied by light dishes. Bar walls are decorated with vinyl record albums, and the black sofas create an intimate atmosphere. Londra usually brings renowned DJs to play and offers pocket shows from Mondays to Saturdays.

Av. Vieira Souto 80, Hotel Fasano, Ipanema.
Tel.: 55 21 3202-4000
www.fasano.com.br

Teatro Rival

Uma das casas mais antigas da cidade tem profunda ligação com o carioca

Ao longo das suas mais de sete décadas de vida, o Rival já recebeu artistas brasileiros do mais alto calibre. Isso porque a casa dedica-se exclusivamente à música popular brasileira. O clima intimista e a proximidade do palco dão à casa de uma característica única, possibilitando um contato direto entre os artistas e o público. Recentemente, nasceu aqui o Rivalzinho, bar com petiscos da chef Katia Barbosa. O happy hour tem reunidos multidões na calçada em frente a ele.

Teatro Rival is one of the most famous performance venues in the city, with a deep connection with Rio's music scene. Several important Brazilian artists have already performed there. And that is because Teatro Rival is exclusively dedicated to Brazilian popular music. Since the audience is quite near the stage and the atmosphere is intimate, this performance venue is unique, allowing for direct contact between the artists and the audience. Now, the new Rivalzinho, bar with finger food of the chef Katia Barbosa brings a crowd to the sidewalk in front of it at the happy hours.

Rua Álvaro Alvim, 33/37, Centro.
Tel.: +55 21 2240-4469
www.rivalpetrobras.com.br

Carioca da Gema

É famoso por duas vertentes musicais: samba e chorinho

A casa tem fama de ser dona de uma das melhores programações musicais da Lapa. Dona Ivone Lara e Beth Carvalho, entre muitos outros bambas, já se apresentaram no local que tem quatro ambientes principais, uma lojinha e uma pizzaria no segundo andar. Os shows começam cedo, por volta das 20h.

Carioca da Gema is famous for two kinds of music: samba and chorinho. The place is notable for hosting the best shows in Lapa. Dona Ivone Lara and Beth Carvalho, among many other important samba signers, have already performed there. There are four main rooms, a small store and a pizza place on the second floor. Shows start early, around 8 pm.

Rua Mem de Sá 79, Lapa.
Tel.: +55 21 2221-0043
www.barcariocadagema.com.br

Circo Voador

Um templo da juventude carioca que já entrou para a história da cidade

Criado na década de 1980 por uma trupe de artistas de música e teatro, o Circo Voador foi uma das principais casas de show da geração que começou a resgatar o espírito cultural da Lapa após décadas de decadência. Por lá passaram artistas brasileiros de primeira grandeza, do rock, do blues e da MPB, e dezenas de bandas estrangeiras de vanguarda. Até hoje, a programação do circo é marcada pelo ecletismo, e apesar das guitarras ainda falarem alto, o samba e o funk carioca também estão presentes no DNA da casa.

This temple of Rio's youth has already entered history. Circo Voador was created in the 80's by a group of musicians and actors, and it was one of the main performance venues of the generation that started to rescue Lapa's cultural spirit after decades of decay. World-renowned Brazilian artists have performed there, playing rock, blues and MPB, in addition to tens of foreign avant-garde bands. Until today, the shows at Circo Voador are notable for being eclectic, and although rock shows still take place there very frequently, samba and Carioca funk are also present in its DNA.

Rua dos Arcos S/N, Lapa.
Tel.: +55 21 2533-0354
www.circovoador.com.br

Metropolitan

É um dos principais espaços musicais do Rio e o maior da América Latina

Com 14 mil metros quadrados e capacidade para receber até 8.450 pessoas em quatro diferentes configurações, a casa tem uma programação bem variada e muito conforto para todos os tipos de público. Por ali já passaram alguns dos maiores nomes do pop e do rock mundial.

Metropolitan is one of the most important performance venues in Rio and the largest one in Latin America. Its area is 14 thousand square meters and it welcomes up to 8,450 people in four different settings. Metropolitan is really comfortable and hosts different kinds of shows. Some of the most important world rock and pop music artists have already performed there.

Av. Ayrton Senna, 3000, Barra.
Tel.:+55 21 2516-7300
www.citibank.com.br

Rio Scenarium

Casa noturna preferida de dez entre dez turistas que visitam a cidade

O Rio Scenarium é uma das melhores opções para se divertir no clima de samba e paquera da Lapa. A casa tem uma rica programação musical de shows ao vivo e repertório 100% brasileiro. Mesmo com três andares e mais de 100 mesas, costuma lotar nos fins de semana. Por isso, é fundamental chegar cedo para fugir das filas e curtir com calma a decoração, cheia de objetos de antiquário, e experimentar os petiscos.

Ten out of ten foreign tourists visiting Rio say their favorite nightclub in the city is Rio Scenarium, which is one of the best places to have fun and flirt in Lapa while listening to good samba. The place offers great live shows of 100% Brazilian music. Despite its three floors and over 100 tables, Rio Scenarium is usually crowded on weekends. Therefore, customers must arrive early to avoid long lines and calmly try the appetizers and enjoy the decoration, full of antique objects.

Rua do Lavradio 20, Lapa.
Tel.: + 55 21 3147-9000
www.rioscenarium.com.br

Fundição Progresso

É centro cultural autossustentável, com uma grande casa de shows e uma escola

Num prédio histórico onde por muitas décadas funcionou uma antiga fábrica de ferro, na Fundição Progresso há arte de todas as vertentes sendo produzida e exibida para um público anual de 800 mil pessoas. As atrações vão do maracatu ao cinema, passando pelo teatro, circo e até música clássica.

In a historic building where a former iron factory was once ran for many decades, Fundição Progresso today is a self-sustaining cultural center, with a large performance venue and a school. All kinds of art can find a place there and Fundição Progresso welcomes approximately 800 thousand people each year. Attractions range from maracatu to movies, including theater, circus and even classical music.

Rua dos Arcos 24, Centro.
Tel.: s+ 55 21 3212-0800
www.fundicaoprogresso.com.br

VAMOS AO TEATRO

O Shopping da Gávea abriga alguns dos principais teatros do Rio

Teatro dos Quatro

Inaugurado em 1978, é um dos principais teatros do Brasil

Aqui foram encenadas peças famosas e ganhadoras de prêmios importantes. Centro de lançamento de autores e atores, o espaço é um dos preferidos da cidade pelas condições que proporciona ao público e às produções. O teatro tem capacidade para até cinco peças simultaneamente e acomoda 402 pessoas.

The theatre was the place where was played a several famous and awarded plays. The space is one of favorites of the city by the good conditions that offers for audiences and professionals. The theatre can handle 5 productions at the same time, with 402 seat at the audience.

Teatro Clara Nunes

Muito bem equipado, tem um dos melhores palcos do Rio

O Teatro Clara Nunes foi fundado em 1977 e hoje é tão bem equipado que pode também receber shows musicais. Seu nome é em homenagem à cantora que, na época de sua inauguração, estreou a primeira fase de shows em grande estilo, com muito sucesso. O teatro hoje conta uma estrutura de 7 camarins e 469 lugares.

Founded in 1977, nowadays has a kind of equipment that makes possible the achievement of musicals shows. The name of the theatre is a tribute to the singer Clara Nunes, because she made the debut of the place with a remarkeble season of her most popular show. The theatre has 7 dressing rooms and 469 seats.

Teatro das Artes

Espaços amplos para o público e ótima estrutura para eventos

A casa, inaugurada em 1998, tem capacidade para 418 pessoas e um palco com 14,40 m de largura e 9,26 m de profundidade para receber espetáculos de pequeno/médio porte. As bilheterias são informatizadas e preparadas para atendimento preferencial a pessoas com necessidades especiais.

The house was founded in 1998 with 418 seats and a big stage (14,40 m width, 9,26 m depth) to receive small and medium shows. The ticket offices are computerized and prepared for the preferencial attendence.

Teatro Vannucci

Dá total apoio a uma nova geração de atores e espectadores

Inaugurado em 1978, com a peça "A história é uma história", sob direção de Jô Soares, o teatro é a concretização do sonho de dois artistas: Ingrid Thomas e Augusto Cesar Vannucci. Dispõe de uma variedade de peças infantis e comédias, em clima aconchegante e familiar.

The theatre is a dream came true of two artists: Indrid Thomas and Augusto Cesar Vannucci. It was founded in 1978 with the play "A história é uma história", directed by the famous director and actor Jô Soares. Today, the place receive some of children's plays and comedies, with a cozy and family atmosphere.

Shopping da Gávea: Rua Marquês de São Vicente, 52, Gávea, Rio de Janeiro – RJ.
Tel.: 55 21 2294-1096; www.shoppingdagávea.com.br

*Ricardo Amaral,
Omar Catito Peres
e Rick Amaral devolvem
ao Rio todo o glamour
e sofisticação da
noite carioca!*

Foto: Leo Martins - Agência Globo

Isadora Ribeiro e Luiza Brunet

Marcio Braga e Srª Carmen Dalessio

Pelé e Danuza Leão

O legendário club privé que fez história nos anos 70, 80, 90.

Maitê Proença e Boni

Danuza Leão

Carmen Mayrink Veiga

Paulo Marinho, Maite Proença e Henrique Mayrink

David Copperfield e Regina Priolli

Lionel Richie e Gisella

Ricardo, Bob Zagury e Sra, Eddie Barclay e Gisella

Hildegard Angel ,Gisella Amaral e Rodrigo Argolo

Tarso de Castro, Chico Anísio, Maria Zilda e Daniel Filho

Gisella com Ivo Pitanguy

José Hugo Celidônio e Yolanda Figueredo

Clodovil, Marina Montini Rosemary e Sonia Clara

Jô Soares, ao centro

Gilberto Braga, Glória Menezes e Tarcísio Meira

Aécio Neves e Monique Evans

Fernanda Montenegro, Fernando Torres e Fernanda Torres

CASA MARANGUAPE
SOLUÇÕES PARA O MERCADO GASTRONÔMICO

Junto de você fornecendo soluções práticas e criativas

Inaugurada em 1947, na Rua Visconde de Maranguape, na Lapa, Centro do Rio, a CASA MARANGUAPE DE LOUÇAS é uma das pioneiras do ramo, especializada no segmento institucional, fornecendo e montando os maiores e melhores restaurantes, hotéis e cozinhas industriais do país.

Em 1990 inauguramos o nosso show-room/loja e um centro de distribuição com mais de 10.000 produtos e 4.000 m² em Benfica, próximo ao CADEG, proporcionando a clientes, fornecedores e colaboradores o que há de melhor em atendimento, compromisso, preço e mix de produtos no segmento.

Sempre inovando, em 2014, inauguramos o ESPAÇO MARANGUAPE, dentro do CADEG, que conta com uma cozinha completa e funcional, equipada com utensílios modernos, além de um espaço amplo para acomodar convidados e uma loja com utensílios modernos e práticos das melhores marcas do mundo!

Venha nos visitar ou entre em contato com a nossa equipe de vendas personalizadas

www.casamaranguape.com.br www.espacomaranguape.com.br

Rio
Here you celebrate moments

O Rio de Janeiro é uma cidade totalmente modernizada. Com grandes investimentos públicos e privados, os ganhos em infraestrutura, mobilidade e serviços turísticos após os grandes eventos são incontestáveis. O número de acomodações saltou de 29 mil para mais de 50 mil quartos nos últimos cinco anos, em um investimento da ordem de 10 bilhões de reais. Grandes bandeiras internacionais aqui se instalaram, trazendo seu potencial global de vendas.

Diversificando a oferta de acomodações, hoje estão disponíveis inúmeros empreendimentos de alto padrão internacional, assim como uma enorme oferta alternativa de pousadas, albergues e até motéis totalmente estruturados. A cidade, antes concentrada na Zona Sul, ganhou duas novas áreas turísticas: a Barra da Tijuca, novo polo hoteleiro carioca, e a Zona Portuária revitalizada. Estima-se que uma Olimpíada acelere em mais de 20 anos o desenvolvimento de uma cidade. Na experiência de cidades-sede, o crescimento médio pode chegar a 25% nos cinco anos posteriores.

É hora de trabalhar dobrado e fazer valer todo esse investimento!

Esportes - Foto Pedro Kirilos | Riotur

Rio
CONVENTION
&
VISITORS
BUREAU

RIO BOOK

HOTÉIS

HOTELS

Rio Convention & Visitors Bureau

Piscina do Fasano, Ipanema, Rio de Janeiro

Hilton Barra

Com projeto arquitetônico deslumbrante,
ele é moderno e elegante – no novo coração empresarial do Rio

Com localização ideal no bairro empresarial da Barra da Tijuca, o novo hotel Hilton Barra Rio de Janeiro fica a uma caminhada de 15 minutos do Parque Olímpico, de restaurantes, bares, praias, casas noturnas e lojas. Muito elegante, com projeto arquitetônico impactante, o hotel tem suítes sofisticadas , além de academia de ginástica 24 horas e piscina, com uma bela vista para a lagoa de Jacarepaguá.

With stunning architectural design, it is modern and stylish – in the new business heart of Rio. Ideally located in Barra da Tijuca business district, the new Hilton Barra Rio de Janeiro hotel is within a 15-minute walking distance of the Olympic Park, bars, beaches, clubs, and more. Very elegant, with striking architectural design, the hotel offers luxurious suites, as well as a free 24-hour gym, and a swimming pool with view of Jacarepaguá Lagoon.

Av. Embaixador Abelardo Bueno, 1430, Barra da Tijuca.
Tel.: 55 21 3348-1000; www.hiltonhotels.com

Copacabana Palace

A tradição e o requinte seguem firmes em frente à praia mais famosa do mundo

Inaugurado em 1923, o Belmond Copacabana Palace contribuiu, e muito, para a fama do bairro. São muitas as histórias de famosos em suas dependências. Janis Joplin já nadou em sua piscina. Ella Fitzgerald, Bono Vox e Brigitte Bardot estiveram em sua suíte presidencial, assim como a princesa Diana, Evita Perón e Nelson Mandela. Sinônimo de luxo na cidade, o hotel tem atendimento impecável, gastronomia excepcional e uma arquitetura inspirada nos grandes hotéis da Riviera Francesa.

Tradition and sophistication stand their ground firmly in front of the most famous beach in the world. Copacabana Palace Hotel opened in 1923 and has contributed a lot to make the district of Copacabana famous. There are plenty of stories involving celebs in its facilities. Janis Joplin has swum in its swimming pool. Ella Fitzgerald, Bono Vox and Brigitte Bardot have stayed in the presidential suite, just like Lady Di, Evita Perón and Nelson Mandela. This hotel is a synonym for luxury in the city, its service is impeccable, its cuisine is outstanding and its architecture was inspired by the great hotels in French Riviera.

Avenida Atlântica, 1.702, Copacabana.
Tel.: 55 21 2548-7070; www.belmond.com/copacabana-palace-rio-de-janeiro/

Fasano

Em frente à praia de Ipanema, o hotel é aconchegante e luxuoso

Inaugurado em 2007 e projetado pelo designer e arquiteto Philippe Starck, o Fasano conta com 79 apartamentos e dez suítes, todas decoradas com móveis de grife, como as cadeiras de Sérgio Rodrigues e os espelhos em forma de orelha desenhados pelo próprio Starck. A piscina no terraço oferece aos privilegiados hóspedes uma das vistas mais deslumbrantes de toda a orla de Ipanema e Leblon.
No térreo, o restaurante Fasano Al Mare e o bar Londra são outros destaques.

This cozy and fancy hotel has a prime location, in front of Ipanema beach. It opened in 2007 and it was designed by designer and architect Philippe Starck. There are 79 rooms and 10 suites, all decorated with designer furniture, such as the chairs by Sérgio Rodrigues and the ear-shaped mirrors designed by Starck himself. The swimming pool on the terrace provides guests with one of the most gorgeous views in Ipanema and Leblon. On the ground floor, Fasano Al Mare restaurant and Londra bar are highly recommended.

Avenida Vieira Souto, 80, Ipanema.
Tel.: 55 21 3202-4000; www.fasano.com.br

Grand Mercure Riocentro

*No mais completo centro de convenções do país,
o cinco estrelas também aposta no lazer – com sofisticação e originalidade*

Na Barra da Tijuca, o cinco estrelas pertence ao mais completo centro de convenções do país, o Riocentro, e está a poucos minutos das praias, shoppings, empresas da região e do Parque Olímpico. Ao todo são 300 quartos e seis suítes, um rooftop com piscina e vista panorâmica para a Lagoa de Jacarepaguá, club fitness, saunas, espaço kids, um bar e um restaurante. No primeiro andar está o Brisa Restô, já conhecido pelo café da manhã farto, a paella de sábado e a feijoada de domingo. O Grand Mercure ainda dispõe de um Centro de Convenções composto por seis salas com capacidade para até 300 pessoas e espaços para eventos sociais, como a cobertura e as áreas internas e externas dos restaurantes, comportando até 600 pessoas.

In the country's most complete convention center, the five-star hotel focuses also on leisure – with sophistication and originality. In Barra da Tijuca, the five-star hotel belongs to the country's most complete convention center – Riocentro – and is only a few minutes away from beaches, shopping malls, local companies and the Olympic Park. Altogether, there are 300 rooms and six suites, a rooftop with pool and panoramic view of Jacarepaguá Lagoon, club fitness, saunas, kids corner, a bar and a restaurant. On the first floor is located the Brisa Restô - already known for the elaborated breakfast, the Saturday paella and the Sunday feijoada. Grand Mercure also offers a Convention Center composed of six rooms with capacity for up to 300 people and spaces for social events, such as the rooftop, and indoor and outdoor areas of the restaurants, accommodating up to 600 guests.

*Avenida Salvador Allende, 6555, Barra da Tijuca.
Tel.: 55 21 2153-1800; www.grandmercure.com.br/hotel/riocentro/*

Caesar Park

Daqui se tem uma das vistas mais cobiçadas da cidade: as praias de Ipanema, Leblon e Arpoador

Administrado pela rede de hotelaria Sofitel, o Caesar Park é dos mais tradicionais do Rio e está em um dos bairros mais badalados. Aos sábados, o restaurante serve uma tradicional feijoada com uma seleção de músicas nacionais de fundo. Boa pedida para quem quer conhecer as delícias gastronômicas típicas do país.

This hotel's location is unique, with one of the most coveted views in the city: Ipanema, Leblon and Aropador beaches. Run by Sofitel Hotel Chain, Caesar Park Hotel is one of the most classic hotels in Rio and is located in one of the hottest neighborhoods in the city. On Saturdays, guests can have Brazilian feijoada (bean and pork stew) at the restaurant while listening to Brazilian music. A good choice for those who want to try the delicious typical dishes of the Brazilian cuisine.

Avenida Vieira Souto, 460, Ipanema
Tel.: 55 21 2525-2525; www.sofitel.com

Best Western Vogue Square

No maior complexo multiuso de luxo do Rio, o hotel é um must em sofisticação

A BW, segmento premium da rede Best Western, investe na arquitetura contemporânea de Sergio Caldas e na decoração com a descontraída sofisticação carioca, criada pela estilista Lenny Niemeyer. A cozinha do hotel tem menu assinado por Bela Gil, com receitas funcionais com sabor tropical. Mais um destaque: o rooftop com o primeiro spa no Brasil da sofisticada grife Trousseau.

In Vogue Square – Rio's greatest luxury multipurpose complex – the hotel stands out for its sophistication. BW, the Best Western chain's premium segment, invests in Sergio Caldas's contemporary architecture and in the casual and sophisticated décor, created by the fashion designer Lenny Niemeyer, inspired in Rio. The menu of the hotel is signed by Bela Gil, and is composed of functional recipes filled with tropical flavor. Another highlight: the rooftop with Brazil's first spa center of the luxury brand Trousseau.

Av. das Américas, 8585,
Barra da Tijuca.

Prodigy Santos Dumont

Junto ao aeroporto, vai além do conceito de conforto e praticidade

Acima do Bossa Nova Mall, ótima opção de compras para quem está de passagem, e a passos do saguão do Santos Dumont, o hotel investe no bem-estar do hóspede com um bom restaurante com programação musical calcada no jazz e na bossa nova e, principalmente, com uma piscina deliciosa no terraço, de frente para a Baía de Guanabara. O hotel é uma boa opção também para quem vem trabalhar no centro da cidade, logo ao lado.

Next to the airport, it goes beyond the concept of comfort and convenience. On top of Bossa Nova Mall, it is a great option for those who are passing by and want to shop, and being only a few steps from the Santos Dumont terminal, the hotel invests in the well-being of the guests, providing them with a good restaurant with music – jazz and bossa nova – and, especially, with an amazing pool on the terrace, facing the Guanabara Bay. The hotel is also a good alternative for those who work in downtown, located very near to it.

Av. Alm. Silvio de Noronha, 365, Centro.
Tel.: 55 21 3478-4100;
www.prodigysantosdumont.com.br

Sheraton Grand Rio

Na encosta entre os bairros de Leblon e São Conrado, ele se diferencia pela grande área de lazer

Há piscinas, quadras de tênis, academia, spa e espaço reservado para a diversão das crianças. A vista é outro destaque: da varanda de vários dos 539 apartamentos, o cenário do oceano vai até onde a vista alcança. Apesar de estar a menos de cinco minutos do burburinho da Zona Sul, o hotel está em uma área de natureza preservada, com direito a uma praia que dá quase para chamar de sua.

Sheraton Hotel is located on the hill between the districts of Leblon and São Conrado. It is notable for the large leisure area with swimming pools, tennis courts, a gym, a spa and a playground. The view also stands out: guests can gaze across the ocean as far as the eye can see from the balcony of many of its 539 rooms. Although it is just five minutes from busy South Zone, the hotel is located in an environment protection area and one could almost say the beach is private.

Avenida Niemeyer, 121, Leblon.
Tel.: 55 21 2529-1122; www.starwoodhotels.com/sheraton

Pestana Rio Atlântica

*Com ambientes clean e modernos,
traz conforto com clima de cidade a beira-mar*

O café da manhã é servido na cobertura e, apesar da seleção de pães e croissants, dos sucos e champanhe, a vista para toda a orla de Copacabana é a iguaria principal. Para o jantar, o restaurante Cais da Ribeira tem um cardápio variado de comida portuguesa. E para quem está com a agenda cheia de compromissos profissionais, o hotel conta com 19 salas de trabalho e centro de convenções com capacidade para 230 pessoas.

Pestana Hotel combines comfort and the atmosphere of a city by the sea. Room decoration is clean and up-to-date. Breakfast is served on the top floor and, despite its great selection of bread and croissants, juices and champagne, the view to Copacabana beach is definitely the main attraction here. For dinner, Cais da Ribeira restaurant offers a varied menu of Portuguese cuisine. For guests who have lots of business appointments, the hotel offers 19 workrooms and a convention center with seating capacity of 230 people.

*Avenida Atlântica, 2.964, Copacabana.
Tel.: 55 21 2548-6332; www.pestana.com*

Windsor Atlântica

São 39 andares com decoração luxuosa, que inclui tapetes persas e lustres de cristal italiano

É destaque ainda a mandala feita com mármores trazidos da Itália, Índia, Turquia, Portugal e Grécia que enfeita a entrada principal. Na cobertura e no quarto andar há área de lazer com restaurantes, piscinas e vista para as praias de Copacabana e Leme. Para completar, um spa com 600 metros quadrados está pronto para receber quem precisa relaxar.

There are 39 floors with fancy decoration, including Persian rugs, Italian crystal chandeliers and a mandala made of marbles from Italy, India, Turkey, Portugal and Greece decorating the main entrance. On the top and 4th floors, there is a leisure area with restaurants, swimming pools and a view to Copacabana and Leme beaches. Finally, there is a spa of 600 square meters for guests who need to chill out.

Avenida Atlântica, 1.020, Copacabana.
Tel.: 55 21 2195-7800; www.windsorhoteis.com.br/hotel/windsor-atlantica

Gran Melia Nacional

Luxo e vanguarda em obra emblemática de Oscar Niemeyer

Em frente à Praia de São Conrado, o edifício cilíndrico projetado pelo arquiteto Oscar Niemeyer, com jardins de Burle Marx, foi um dos grandes ícones dos anos 1970. Então foi fechado, ficou abandonado e agora volta em grande estilo. Toda sua estrutura foi renovada, respeitando a imponência desta obra arquitetônica e o estilo de decoração vintage que a consagrou.

Luxury and avant-garde in Oscar Niemeyer's iconic work. In front of São Conrado beach, in Rio de Janeiro, the cylindrical building designed by Oscar Niemeyer with Burle Marx's gardens was one of the great icons of the '70s. It was then closed, abandoned and now comes back in grand style. Its entire structure has been renovated, respecting the magnificence of this architectural work and the vintage décor style that made him famous.

Avenida Niemeyer, 769, São Conrado; www.melia.com

Grand Hyatt

O conforto de um cinco estrelas com jeitão de resort de praia, dentro da cidade

Numa das áreas mais bonitas da Barra, o hotel conta com amplos espaços integrados com o belo ambiente externo, cercado pela extensa vegetação nativa. A ideia é que seja um refúgio para o viajante de negócios e também de lazer. Madeiras, pedras, tecidos em tons suaves e arte local dão um elegante toque de descontração à decoração, parte dela assinada pelo craque Arthur Casas. A piscina, o spa e o estúdio de ioga/multifuncional são outros destaques do hotel.

The comfort of a five-star in a beach resort, within the city. In one of the most beautiful areas of Barra, the hotel offers large spaces integrated with the beautiful outdoor areas, surrounded by extensive native vegetation. The idea is for it to become a haven for business travelers, but also for leisure ones. Woods, stones, fabrics in light colors, and local art give a stylish touch of casualness to the décor, part of it signed by the expert Arthur Casas. The pool, the spa center and multipurpose/yoga studio are other highlights of the hotel.

Av. Lucio Costa, 9600
Barra da Tijuca; Tel.: 0800 880 1234
www.riodejaneiro.grandhyatt.com

Yoo2

Diante da vista cartão-postal do Rio, ele jovem, elegante e descolado

A ideia, diz o projeto, é conectar a alma local com design de vanguarda. A partir desse conceito, o projeto segue muito bem amarrado, da decoração, especialmente das suítes repletas de peças de design, ao serviço. Há gastronomia diferenciada, que inclui tapas gostosinhos no rooftop arrebatador, com ampla vista para o Pão de Açúcar.

Overlooking Rio's landmark, it is young, stylish and cool. The idea, according to the project is to connect the local soul to avant-garde design. Based on this concept, the project was very well executed, from décor – especially of the suites filled with design pieces – to service. There is unique gastronomy, which includes tasty tapas to be savored on the breathtaking rooftop terrace, with great view of the Sugarloaf Mountain.

Praia de Botafogo, 242, Botafogo.
Tel.: 55 21 3445-2000; www.yoo2.com/rio

Mais hotéis
More hotels

Adagio Ipanema	Av. Rainha Elizabeth, 440	Ipanema	55-21-2114-8100
Arena Copacabana Hotel	Av. Atlântica, 2064	Copacabana	55-21-3034-1500
Belmond Copacabana Palace	Av. Atlântica, 1702	Copacabana	55-21-2548-7070
Copacabana Sul Hotel	Av. Nossa Senhora de Copacabana, 1284	Copacabana	55-21-3202-9450
Everest Park	Rua Maria Quitéria, 19	Ipanema	55-21-2103-1800
Everest Rio	Rua Prudente de Moraes, 1117	Ipanema	55-21-2525-2200
Golden Tulip Continental	Rua Gustavo Sampaio, 320	Leme	55-21-3545-5300
Golden Tulip Ipanema Plaza	Rua Farme de Amoedo, 34	Ipanema	55-21-3528-6050
Golden Tulip Regente	Av. Atlântica, 3716	Copacabana	55-21-3545-5400
Hotel AC Porto Maravilha	Rua Equador, 506	Santo Cristo	55-21-9722-70985
Ibis Copacabana	Rua Ministro Viveiros de Castro, 134	Copacabana	55-21-3218-1150
Ibis Barra da Tijuca	Av. Gilberto Amado, 41	Barra da Tijuca	55-21-3721-7500
Ibis Botafogo	Rua Paulino Fernandes, 39	Botafogo	55-21-3515-2999
Ibis Centro	Rua Silva Jardim, 32 Torre I	Centro	55-21-3511-8200
Ibis Olímpico	Rua José Augusto Rodrigues, 55	Jacarepaguá	55-21-3721-7700
Ibis Santos Dumont	Av. Marechal Câmara, 280	Centro	55-21-3506-4500
Ibis Copacabana posto 05	Rua Xavier da Silveira, 82	Copacabana	55-21-3721-2900
JW Marriott	Av. Atlântica, 2600	Copacabana	55-21-2545-6500
Le Relais de Marambaia	Estrada Roberto Burle Marx, 9346	Barra de Guaratiba	55-21-2394-2544
Linx Hotel	Av. Vinte de janeiro, s/nº	Galeão	55-21-2468-3400
Marina All Suites	Av. Delfim Moreira, 696	Leblon	55-21-2172-1100
Marina Palace	Av. Delfim Moreira, 630	Leblon	55-21-3613-5150
Mercure Botafogo Mourisco	Rua da Passagem, 39	Botafogo	55-21-2131-1212
Mercure Arpoador	Rua Francisco Otaviano, 61	Copacabana	55-21-2113-8600
Mercure Barra da Tijuca	Av. Pepê, 56	Barra da Tijuca	55-21-2153-1200
Mercure Botafogo	Rua Sorocaba, 305	Botafogo	55-21-2266-9200
Miramar Hotel by Windsor	Rua Sá Ferreira, 9	Copacabana	55-21-2195-6200
Novotel Barra da Tijuca	Avenida Lúcio Costa, 5210	Barra da Tijuca	55-21-3504-3000
Novotel Parque Olímpico	Av. Embaixador Abelardo Bueno, 1511	Barra da Tijuca	55-21-3478-4900
Novotel Santos Dumont	Av. Marechal Camara, 300	Centro	55-21-3506-8500
Pestana Rio Barra Hotel	Av. Lúcio Costa, 5.650	Barra da Tijuca	55-21-3509-9000
Porto Bay Rio Internacional Hotel	Av. Atlântica, 1500	Copacabana	55-21-2546-8000
Qualicom Midas Rio Convention	Estrada dos Bandeirantes, 8505	Recreio dos Bandeirantes	55-21-3344-2300
Ramada Encore Ribalta	AV. das Americas, 9650	Barra da Tijuca	55-21-9931-29051
Rio Othon Palace	Av. Atlântica, 3264 - sala 523	Copacabana	55-21-2106-1500
Royal Tulip	Av. Aquarela do Brasil, 75	São Conrado	55-21-3323-2200
Santa Teresa Hotel	Rua Almirante Alexandrino, 660	Santa Teresa	55-21-3380-0200
Sheraton Barra Hotel	Av. Lúcio Costa, 3150	Barra da Tijuca	55-21-3139-8000
Sofitel Copacabana	Av. Atlântica, 4240	Copacabana	55-21-2525-1232
Sol Ipanema Hotel	Av. Vieira Souto, 320	Ipanema	55-21-2525-2020
Transamérica Prime Barra	Av. Gastão Senges, 395	Barra da Tijuca	55-21-2123-7000
Tulip Inn Copacabana	Av. Atlântica, 2554	Copacabana	55-21-3545-5100
Windsor Barra Hotel & Congressos	Av. Lúcio Costa, 2630	Barra da Tijuca	55-21-2195-5000
Windsor Excelsior Hotel	Av. Atlântica, 1800	Copacabana	55-21-2195-5800
Windsor Plaza Hotel	Av. Princesa Isabel, 263	Copacabana	55-21-2195-5500

Rio
Here you celebrate your event

Desde o anúncio dos grandes eventos, entre eles a Copa do Mundo e as Olimpíadas, o Rio de Janeiro vive um momento excepcional no setor de congressos e eventos. Apenas em 2015, a cidade sediou 302 feiras, seminários e convenções que injetaram na economia local cerca de US$ 1,9 bilhão, trazendo à cidade cerca de 1,4 milhão de congressistas visitantes.

Além dos grandes centros de convenções, como Riocentro e SulAmérica, a cidade oferece uma gama de opções diferenciadas para a realização de eventos, entre eles, a Marina da Glória, os Armazéns do Porto, o Rio Scenarium, o Morro da Urca e o Maracanã. As novas e modernas estruturas dos hotéis também se destacam neste cenário, incluindo centros de convenções de média porte no Grand Hyatt, Hilton Barra e Windsor Barra e Oceânico.

Os investimentos crescentes neste setor são a prova de que o Rio reúne vocação natural para receber eventos de diferentes perfis e atrativos turísticos incomparáveis com qualquer outro destino do mundo. Conheça os principais espaços para eventos do Rio nas páginas a seguir.

Centro de Convenções SulAmérica

VICEL
TRANSPETRO
AVEVA
MACNOR
MESSER
Cutting Systems
WORLD OF
EXCELLENCE
www.macnor.com
Elbras
eletrodos
Rio
CONVENTION
&
VISITORS
BUREAU

ESPAÇOS DE EVENTOS
EVENTS VENUES

Rio
CONVENTION
&
VISITORS
BUREAU

Uma cidade preparada

Ano após ano, o Rio se consolida como sede de eventos corporativos dos mais diversos setores do entretenimento aos negócios, passando pelas áreas esportiva, médica e até religiosa. Diariamente, os grandes hotéis cariocas abrem as portas de seus centros de convenções para encontros de empresas de todo o Brasil e do mundo.
Nessa babel de conhecimento e integração, nomes como Copacabana Palace, Sofitel, Royal Tulip, Sheraton e Windsor, entre outros, destacam-se não apenas por sua hotelaria, mas pela competência com que recebem eventos de grande porte praticamente todos os dias do ano.
E tudo isso sem falar nos espaços permanentemente dedicados a grandes eventos, como o RioCentro, há quase 40 anos o maior centro de convenções da América Latina; a Marina da Glória; o Pier Mauá; o Centro de Convenções SulAmérica; o Morro da Urca; o Forte de Copacabana; o Maracanã; a Villa Riso; o Village Hall e o Jockey Club Brasileiro. Muitos desses, inclusive, oferecem algo mais do que apenas uma excelente estrutura para feiras, palestras, debates e reuniões. Contam também com a vista privilegiada – e inesquecível – de algumas das paisagens mais marcantes da cidade mais bonita do mundo.

A city that is ready

Year after year, Rio builds on its strengths as a great city to host corporate events of very different sectors. From entertainment to business, sports, medical and even religious events. Important hotels in Rio open the doors of their convention centers every day to host events for Brazilian and foreign companies.
In this babel of knowledge and integration, hotels like Copacabana Palace Hotel, Sofitel Hotel, Royal Tulip Hotel, Sheraton Hotel and Windsor Hotel, among others, stand out not only for being great hotels, but also for the high-quality service they offer in hosting large events almost every day.
Not to mention the places that are permanently dedicated to hosting large events, such as RioCentro Convention Center, which has been the largest convention center in Latin America for almost 40 years now, Marina da Glória, Pier Mauá, SulAmérica Convention Center, Urca Hill, Copacabana Fort, Maracanã Stadium, Rio Scenarium, Villa Riso, VillageHall and the Brazilian Jockey Club. Many of these venues also offer more than just an excellent infrastructure for tradeshows, lectures, debates and meetings. They also have privileged views to some of the most remarkable landmarks of the most beautiful city in the world.

CENTRO DE CONVENÇÕES SULAMÉRICA

Tecnologia e localização. Esses são os principais trunfos da casa, no coração do Centro da cidade

O Centro de Convenções SulAmérica foi inaugurado em 2007, ao lado da prefeitura, a menos de dois quilômetros do Aeroporto Santos Dumont e escorado por uma estrutura de telecomunicações de última geração. Construído em parceria entre a administração pública e a iniciativa privada, o Centro tem três espaços simultâneos para eventos, internet, rede wi-fi em todos os seus ambientes, elevadores especiais para transporte de cargas pesadíssimas e estacionamento coberto para mais de mil automóveis.

Technology and location. These are the best qualities of SulAmérica Convention Center, which opened in 2007 in the heart of the city center, next to the City Hall, less than 2 kilometers from Santos Dumont Airport, not to mention its state-of-the art media infrastructure. Sulamérica Convention Center is a result of a partnership between the city government and the private sector. There are three conference rooms with internet access, wifi access is available everywhere in the center, and there are special lifts to transport really heavy cargo and a covered parking lot for over one thousand cars.

Av. Paulo de Frontin, 1, Cidade Nova, Centro.
Tel.: 55 21 3293-6700
www.ccsulamerica.com.br

PIER MAUÁ

É onde atracam os cruzeiros que chegam à cidade, hoje em área revitalizada pelo projeto Porto Maravilha

Se do lado de fora, hoje, a agitação anda solta, do lado de dentro do cais a movimentação é ainda maior. Nos últimos anos, o Pier Mauá se consolidou como uma das mais importantes sedes de convenções, feiras e exposições na cidade, com especial destaque nas áreas de gastronomia e artes plásticas. Em seus seis imensos armazéns inteiramente reformados, o Pier Mauá pode sediar até três eventos de grande porte simultaneamente.

Pier Mauá is where cruise ships that come to Rio moor. However, things can get even busier inside the pier. Pier Mauá has recently built on its strengths as one of the most important venues for conferences, tradeshows and exhibitions in Rio, especially in the fields of gastronomy and fine arts. Pier Mauá can host up to three large events simultaneously in its six huge warehouses, which have got a full makeover.

Av. Rodrigues Alves, 10, Praça Mauá, Centro.
Tel.: 55 21 3195-8000
www.piermaua.com.br

RIOCENTRO

Seus cinco gigantescos pavilhões testemunharam os maiores e mais importantes eventos que o Rio já sediou

Construído em 1977, o maior Centro de Convenções da América Latina é o símbolo da vocação da cidade para grandes realizações. Já passaram por ali o Papa Francisco durante a Jornada Mundial da Juventude, eventos globais da ONU, escritórios da Fifa durante a Copa do Mundo e competições dos Jogos Pan-Americanos de 2007 e tantos outros eventos culturais, políticos, comerciais e esportivos. Agora, conta com o Hotel Grand Mercure Riocentro, bem ao lado dele.

Its five giant pavilions have witnessed the largest and most important cultural, political, business and sports events that Rio has hosted. The largest convention center in Latin America was built in 1977 and is a symbol of the city's vocation for huge achievements. RioCentro has hosted international UN events, FIFA offices during the 2014 World Cup and competitions of the 2007 Pan American Games. Also, Pope Francisco was there during the World Youth Day (WYD). Now the place has the Grand Mercure Riocentro Hotel, next to it.

Av. Salvador Allende, 6555, Barra da Tijuca.
Tel.: 55 21 2441-9100
www.riocentro.com.br

Primeira edição: 2017
Papel de miolo: Couché fosco 115g/m2
Tipografia: Stainless e Didot
Gráfica: Pancrom

RIO
BOOK
www.riobookguide.com.br
The best spots of Rio